INHALT

EINLEITUNG

Eine große Menge versammelte sich, um mir zu-zuhören, als ich an der Texas A & M University in College Station (Texas, USA) sprach. Besonders eine Studentin – eine Atheistin – konnte nichts akzeptieren, was ich über das Christentum zu sagen hatte. An ihren Namen kann ich mich nicht mehr erinnern, doch ihre Worte werde ich niemals vergessen. Weil ich immer neugierig bin, wie Menschen zu ihren Überzeugungen kommen, fragte ich sie, wie sie Atheistin geworden war.

»Ich wurde eigentlich dazu erzogen, an Gott zu glauben«, begann sie, »aber als ich in die Oberstufe kam, begann ich, infrage zu stellen, was mir in der Kirche beigebracht worden war. Als ich meinen Pfarrer danach fragte, konnte er mir nicht antworten. Stattdessen sagte er mir nur, dass ich einfach glauben sollte – und dass es falsch und sündhaft von mir war, zu zweifeln und solche Fragen zu stellen. Ich blendete meine Fragen für einige Jahre aus, aber als ich an die Hochschule kam, entdeckte ich, dass andere Menschen dieselben Fragen hatten. Nachdem ich mit ihnen geredet hatte, fand ich heraus, dass sie alle entweder Atheisten oder Agnostiker waren. (Agnostiker sind Menschen, die behaupten, dass man nicht wissen kann, ob es

Gott gibt oder nicht.) Und so wurde ich auch eine von ihnen.«

Jeder kann nachvollziehen, wie sie zu dem Schluss gekommen ist, dass der christliche Glaube keine Antworten auf ihre tief gehenden Fragen geben kann. Doch die Wahrheit ist, dass der christliche Glaube *tatsächlich* Antworten auf ihre schwierigen Fragen geben kann. Es ist nur so, dass viele Menschen, die es gut meinen – auch Theologen und Pfarrer –, sich niemals Zeit genommen haben, diese Antworten zu suchen!

Ich fürchte, dass viele dieselbe Erfahrung wie diese junge Frau gemacht haben. Manche haben festgestellt, dass Christen freundliche Menschen sind, die scheinbar etwas gefunden haben, was ihnen inneren Frieden, Sicherheit und Freude gibt. Dabei ist die Auffassung weit verbreitet, dass ihr Glaube einfach keiner intellektuellen Untersuchung standhalten kann.

Das liegt jedoch völlig neben der Wahrheit! Wenn du dieses dünne Buch liest, wirst du entscheidenden Fragen begegnen, die Menschen in Bezug auf den christlichen Glauben stellen und die dir *Gründe* geben, an Christus zu glauben – Gründe, an die du vielleicht noch nie gedacht hast.

UNVEREINBAR?

»Warte mal«, sagst du jetzt vielleicht, »warum reden wir hier die ganze Zeit über *Gründe*? Ich dachte, das Leben als Christ stützt sich auf Glauben. Vernunft und Glauben sind doch unvereinbar, oder?«

Eigentlich nicht. Es stimmt, dass man Glauben braucht, um Christ zu sein. Die Bibel sagt: »Aber ohne Glauben ist es unmöglich, Gott zu gefallen. Wer zu Gott kommen will, muss glauben, dass es ihn gibt und dass er die belohnt, die ihn aufrichtig suchen« (Hebräer 11,6; NeÜ). Glaube bedeutet hier, dass man auf etwas oder auf jemanden vertraut, das oder den man noch nie gesehen hat. Doch dies bedeutet nicht, dass Glaube unvereinbar mit Vernunft, Logik oder Beweisen ist.

Eigentlich ist wahrer Glaube meist sehr gut begründet und auf einwandfreien Beweisen aufgebaut. Christentum ist eine Religion von Menschen, die denken. Der christliche Glaube verlangt nicht, dass wir naiv oder leichtgläubig sind, sondern er wendet sich an unseren Verstand und unser Herz. Schließlich hat Gott jedem von uns ein Gehirn gegeben, und er will, dass wir es gebrauchen!

Vielleicht hilft eine Illustration, den Zusammenhang zwischen Glauben (bzw. Vertrauen) und Beweisen aufzuzeigen. Stell dir vor, du lebst im zehnten Stock eines Wohnhauses. Der Feueralarm geht los. Du spurtest zum Treppenhaus und es ist voller Rauch. Du rennst zurück zu deinem Zimmer, legst ein nasses Handtuch unten an den Türschlitz und überlegst, wie du entkommen könntest.

Dein Zimmer beginnt sich mit Rauch zu füllen, du öffnest das Fenster, stehst auf dem Fensterbrett und erinnerst dich daran, was du im Kindergottesdienst gehört hast: »Wenn du nur fest daran glaubst, kannst du alles schaffen.« Während du also auf dem Fensterbrett stehst und zehn Stockwerke nach unten schaust, versuchst du dich selbst davon zu überzeugen, dass du fliegen kannst, wenn du nur fest genug daran glaubst und schnell mit den Armen flatterst.

»Ich glaube, ich kann fliegen! Ich glaube, ich kann fliegen!«, redest du dir ein. Aber wir wissen alle, dass du in deinen Tod springst, wenn du von diesem Fensterbrett springst – egal, wie schnell du mit den Armen schlägst – und egal, wie stark du glaubst. Sogar aller *Glaube* der Welt würde nicht zum Fliegen reichen. Ich behaupte, dass dies nicht die Art von Glauben ist, die Gott von uns erwartet. Diese Art von »Glauben« ist wirklich dumm – und sogar gefährlich!

Nun betrachten wir ein etwas anderes Szenario. Deine Wohnung brennt und du erkennst, dass es keinen anderen Weg gibt als durch das Fenster. Nur dieses Mal kletterst du aufs Fensterbrett, und – wer hätte das gedacht – unter dir am Boden hat die Feuerwehr ein großes Sprungtuch aufgespannt. Ein stämmiger Feuerwehrmann ruft dir durch einen Lautsprecher zu: »Spring, wir fangen dich auf!«

Du bist nun mit einer Entscheidung konfrontiert, die deinen Glauben testen wird – nicht deinen Glauben an Gott, sondern deinen Glauben an die Feuerwehrmänner. Du musst entscheiden, ob du diesen Leuten traust oder nicht. Sind sie fähig, dich aufzufangen? Wird ihre Ausrüstung funktionieren? Du gibst dein Leben in ihre Hände, und du würdest es nicht tun, wenn du kein Vertrauen (Glauben) in sie hättest. Du bist noch nie von einem zehnstöckigen Gebäude gesprungen, aber wenn du entscheidest, dass diese Feuerwehrmänner vertrauenswürdig sind, wirst du (buchstäblich) einen »Glaubenssprung« machen!

GLAUBE UND VERTRAUEN IM ALLTAG

Wenn man Glauben in diesem Zusammenhang betrachtet, sieht man, wie sehr unser tägliches Leben von Glauben oder Vertrauen abhängt. Jedes Mal, wenn du ein Glas Limonade trinkst, vertraust du der Firma, die für das Füllen der Flaschen verantwortlich ist. Jedes Mal, wenn du mit deinem Auto die Straße entlangfährst, brauchst du Vertrauen in die Fabrik, die dein Auto hergestellt hat, und Vertrauen in die anderen Autofahrer, mit denen du gemeinsam auf der Straße fährst – gewöhnliche Autofahrer, die du noch nie zuvor getroffen hast.

Du brauchst Vertrauen in deine Lehrer und in deine Schulbücher, die du im Unterricht gebrauchst. Du brauchst Vertrauen in deine Bank, wenn du dein hart verdientes Geld dort einzahlst. Du hast Glauben in deinen Beziehungen zu anderen, und du fühlst dich gekränkt oder verletzt, wenn andere dir nicht vertrauen oder dir nicht glauben.

Fast jedes Zusammenspiel zwischen Menschen ist mit Glauben verbunden. Ist es wirklich so ungewöhnlich, dass Gott von uns erwartet, dass wir an ihn glauben?

Ja, du musst glauben, aber es gibt nichts Sinnvolleres, als an Gott zu glauben. Darum geht es in diesem kleinen Buch. Weil Glaube lebensnotwendig ist, würde ich dich gerne bitten, dass du, nur für einen Moment, zu Gott redest. Nimm dir am besten jetzt eine Minute Zeit und bitte Gott, dass er dir die Antworten, die du brauchst, gibt, während du dieses Buch liest. Du könntest es etwa so sagen:

Gott, ich will die Wahrheit über dich wissen. Und ich bitte dich, dass du dich mir zu erkennen gibst und mich deine Wahrheit erkennen lässt. Hilf mir, während ich lese, zu verstehen, was du mir zu sagen hast. Amen.

Nun – fangen wir an, diese entscheidenden Fragen durchzugehen!

1 GIBT ES WIRKLICH BEWEISE DAFÜR, DASS GOTT EXISTIERT?

Der Professor begrüßte seine Klasse mit einer ungewöhnlichen Bitte: »Wenn Sie Christ sind, stehen Sie bitte auf«, sagte er.

Ein paar Studenten standen auf, schauten sich kleinlaut um und wunderten sich, warum sie aufgerufen wurden.

»Wie viele von Ihnen haben Gott jemals *gesehen*?«, fragte der Professor. Er wurde mit absoluter Stille konfrontiert.

»Hat irgendjemand von Ihnen Gott *gehört*, als er zu Ihnen sprach?«, fuhr er fort. Immer noch Stille.

Nun wurde er sichtlich mutiger und stellte eine letzte Frage: »Hat irgendjemand von Ihnen Gott jemals *gerochen*, *geschmeckt* oder *gefühlt*?« Und wieder standen die christlichen Studenten schweigend da.

»Das hätte ich auch nicht erwartet«, sagte er ziemlich eingebildet. »Nun will ich, dass Sie sich Folgendes merken: Wir glauben hier an nichts, das wir nicht gesehen, gehört, gerochen, geschmeckt oder gefühlt haben. Ich bin sogar davon überzeugt, dass Gott gar nicht existiert. Nun setzen Sie sich, und ich will den Rest des Semesters nichts mehr über Ihren Gott hören.«

Eingeschüchtert setzten sich die Studenten schweigend auf ihre Plätze. Alle – außer einer. Als der Professor den einzelnen Studenten immer noch stehen sah, runzelte er die Stirn. »Was wollen Sie?«, fragte er.

»Bevor ich mich hinsetze, würde ich Ihnen gerne eine Frage stellen«, antwortete der Student. »Herr Professor, haben Sie jemals Ihren eigenen Verstand gesehen, gehört, gerochen, geschmeckt oder gefühlt?«

»Natürlich nicht«, erwiderte der Professor. »Warum fragen Sie?«

»Wenn wir von Ihrer vorigen Grundregel ausgehen, müssen wir schlussfolgern, dass Sie keinen Verstand haben!«, antwortete der Student. Er war so klug, sich dann gleich auf seinen Platz zu setzen. (Fragt mich nicht, welche Note er in diesem Semester bekam!)

EIN MENSCH OHNE VERSTAND

Die Wahrheit ist, dass wir *alle* an viele Dinge glauben, die wir nicht selbst gesehen, gehört, gerochen, geschmeckt oder gefühlt haben. Sogar in diesem Augenblick bist du umgeben von Radiowellen, von denen du niemals wissen würdest, dass sie existieren, wenn du nur auf deine fünf Sinne angewiesen wärst. Hast du jemals ein Atom gesehen? Was ist mit der Erdanziehungskraft? Wenn wir schon dabei sind: Hast du je den Wind gesehen?

Jeden Tag werden Menschen wegen Verbrechen verurteilt, weil es überzeugende Beweise dafür gibt, dass sie schuldig sind – Verbrechen, die niemand *gesehen* hat, während sie verübt wurden! Wir glauben an historische Ereignisse, weil andere Menschen uns berichtet haben, was stattgefunden hat – nicht, weil wir sie selbst gesehen haben. In der Tat beruht unser Wissen über Geschichte, Geografie, Wissenschaft – sogar über aktuelle Ereignisse – hauptsächlich darauf, dass wir Aussagen von anderen glauben, und weniger auf unseren eigenen Beobachtungen.

Genauso, wie es Beweise für Radiowellen, Erdanziehungskraft, Wind – und sogar für den Verstand dieses Professors – gibt, muss man sich fragen, ob es Beweise für die Existenz Gottes gibt. Ich glaube, es gibt sie.

WO KAM DAS ALLES HER?

Hast du jemals einen Uhrmacher getroffen? Die meisten von uns haben das noch nie. Und trotzdem weißt du, dass es Uhrmacher gibt? Natürlich! Woher weißt du das? Du schaust an dein Handgelenk, siehst deine Armbanduhr und schließt daraus, dass dieses fantastische kleine Gerät nicht da ist, weil es von selbst entstanden ist. Es musste von jemandem gemacht werden. Und dieser Jemand wird »Uhrmacher« genannt.

Man kann das auch auf andere Dinge anwenden. Wenn man zum Beispiel ein Gebäude ansieht, weiß man, dass es Architekten, Ingenieure und Zimmerer gibt. Schau ein Auto an – und du kannst schlussfolgern, dass es Autohersteller gibt. Schau ein Buch an – und du kannst daraus schließen, dass es Autoren gibt. Es ist egal, ob du jemals diese Menschen getroffen hast oder nicht – ihr Produkt beweist ihre Existenz.

Und genauso wie eine Uhr ein Hinweis auf einen Uhrmacher ist, ein Gebäude ein Hinweis auf einen Architekten und ein Buch ein Hinweis auf einen Autor, ist die Schöpfung ein Hinweis auf einen Schöpfer.

Dies ist eines der grundlegendsten Gesetze der Wissenschaft – das Gesetz von Ursache und Wirkung. Doch wenn man die Schöpfung ansieht, kann man mehr erkennen, als dass ein Schöpfer bloß existiert. Wir erkennen auch etwas über den Schöpfer.

Denk zum Beispiel einmal darüber nach, dass die Ursache des unendlichen Raumes unendlich sein muss. Die Ursache von unendlicher Energie muss allmächtig sein. Die Ursache von unendlicher Komplexität muss allwissend sein. Und die Ursache von unendlicher Zeit muss ewig sein.

Auf einmal fangen wir an zu begreifen, wie dieser Schöpfer sein muss: unendlich, allmächtig, all-wissend und ewig.

Doch die Schöpfung demonstriert sogar mehr als das – sie zeigt weiter, dass die erste Ursache des Lebens lebendig sein muss (nicht nur eine Energie oder eine »höhere Macht«). Auf einmal entdecken wir, dass die Schöpfung um uns herum uns einige sehr konkrete Dinge über den Schöpfer zeigt und unsere Vorstellung von Gott dadurch viel deut-licher wird. Wir sehen nicht nur, dass Gott existiert, sondern auch, dass er wirklich fantastisch ist.

WER MACHTE DEN SCHÖPFER?

Leider ist der Skeptiker nicht überzeugt. Normaler-weise versucht er diesen Punkt zu umgehen, indem er fragt: »Wenn alles einen Schöpfer braucht, wer hat dann Gott gemacht?«

Die Antwort ist leicht: »Niemand hat Gott gemacht!« Gott ist ewig und selbst-existent. Wenn wir sagen, dass jede Wirkung eine Ursache hat, beziehen wir uns auf das materielle Universum. Aber Gott ist Geist – sein Bereich ist außerhalb des Materiellen. Deswegen ist er den physikalischen Gesetzen nicht unterworfen.

Andere würden antworten, dass alles durch Evolution und Zufall entstanden ist. An diesem Punkt will ich nicht auf Einzelheiten der Evolu-tions- und Schöpfungsdebatte eingehen. Hier reicht Folgendes: Die meisten meiner Bekannten, die an Evolution glauben, glauben trotzdem, dass Gott den Prozess leiten musste.

Überlege dir schließlich einmal die Wahrscheinlichkeit, dass Leben von selbst entsteht. Wissenschaftler haben sich einige faszinierende Illustrationen einfallen lassen.

KOSMISCHE PROPORTIONEN

Francis Crick, ein Mitentdecker der DNS, berechnete die Wahrscheinlichkeit, dass sich 200 Aminosäuren von alleine bilden, auf $1:10^{260}$! Diese Zahl ist höher als die geschätzte Zahl der Atome in unserem gesamten Sonnensystem!

Laut dem führenden Astrophysiker Sir Fred Hoyle entspricht die Wahrscheinlichkeit, dass sich biologisches Leben selbst entwickelt, etwa der Wahrscheinlichkeit, dass 10^{51} *Blinde* einen Zauberwürfel genau im selben Moment »lösen«! Hoyle fährt fort und behauptet, dass es wahrscheinlicher ist, dass ein Wirbelsturm über einen Schrottplatz weht und dabei von selbst eine Boeing 747 entsteht, als dass Leben von selbst entsteht!

Roger Penrose, der Theorien über schwarze Löcher mitentwickelte, schätzte die Wahrscheinlichkeit, dass ein Urknall ein geordnetes Universum formt, auf $1:10^{123}$. Dies ist vergleichbar mit der Wahrscheinlichkeit, dass man ein 1 cm großes Ziel auf der anderen Seite des Universums trifft, oder mit der Wahrscheinlichkeit, dass der Stab eines Stabhochspringers nach dem Sprung jahr-hundertelang auf seiner Spitze stehen bleibt, ohne umzufallen!

Tatsächlich haben reine Naturalisten (d. h. Menschen, die glauben, dass die Evolution ohne Gottes Eingreifen unsere Herkunft erklärt) einige andere schwierige Fragen, die sie beantworten müssen.

Zum Beispiel: Wie ist anorganische Materie lebendig geworden? Gibt es irgendwelche echten Beweise dafür, dass dies jemals stattgefunden hat?

Wenn wir die Natur beobachten, sehen wir, dass Materie dazu neigt, die Ordnung mit der Zeit auf-zulösen (Entropie). Wenn diese Welt ohne Eingriff von außen entstanden ist, wie ist dann die Materie von ganz alleine so gut geordnet worden? Gilt denn der Grundsatz: Chaos + Zeit = Ordnung?

Es gibt noch genug andere Fragen, doch diese beiden Fragen hier konzentrieren sich auf die Tat-sache, dass das Leben in unserem Universum sehr komplex und kunstvoll gebildet ist. Es ist viel zu komplex, als dass es ohne ein intelligentes Wesen, das hinter allem steht, entstanden sein könnte. Dieses intelligente Wesen nennen wir »Gott«.

KULTURELLE BELEGE

Ist dir schon einmal aufgefallen, dass jede Kultur, die je entdeckt wurde, an eine Art höchstes geist-liches Wesen geglaubt hat? Obwohl die verschiedenen Völker nicht darin übereinstimmen, wer dieses Wesen ist und welche Eigenschaften es hat, gab es doch keine einzige Kultur in der gesamten Weltgeschichte, die nicht von der Existenz eines höchsten geistlichen Wesens überzeugt war. Es ist sicher angemessen zu fragen, ob die ganze Menschheit wohl an etwas glauben würde, was es einfach nicht gibt!?

Vielleicht wäre jetzt ein Beispiel angebracht, das beschreibt, wie Menschen einfach nicht das Unglaubliche glauben. Als ich aufwuchs, fürchteten wir US-Amerikaner uns vor der sehr realen Gefahr eines Atomkriegs. Wir hatten sogar Übungen in der Schule, bei denen wir lernten, wie wir uns bei einem Atomangriff verhalten sollten. Wir fürchteten, dass ein eventueller Angriff aus der Sowjetunion oder vielleicht aus Kuba kommen würde. Soweit ich weiß, hatte niemand jemals eine Alarmübung für einen Atomangriff aus Haiti. Warum? Weil Haiti keine Atomwaffen hatte! Man kann nicht mit etwas angreifen, was man nicht hat.

Die meisten Menschen werden über das *Mögliche* nachdenken, nicht jedoch über das *Unmögliche*. Genauso ist es mit der Tatsache, dass sich die große Mehrheit der Menschen durch die ganze Geschichte hindurch Gedanken über Gott und das Leben nach dem Tod gemacht hat. Für mich ist das ein Hinweis darauf, dass es Gott und das Leben nach dem Tod wirklich gibt.

Die Existenz von Wundern ist ein weiterer Beweis für Gottes Existenz. Ich rede nicht über »das Wunder eines Sonnenaufgangs« oder »das Wunder einer Geburt«. Ich rede über ein wirkliches Wunder, bei dem etwas passierte, was die Naturgesetze durchbrach und für das es keine wissenschaftliche Erklärung gab – wo Gott selbst in die menschliche Geschichte eingriff.

Vielleicht hast du noch nie ein Wunder miterlebt, aber es gibt viele, die schwören würden, dass sie eines erlebt haben. Natürlich wären solche Wunder – schon wegen der Definition – selten und würden den Naturgesetzen widersprechen. Doch Gott liebt die Menschen und wünscht sich, in ihr Leben einbezogen zu werden, zu ihrem Besten. Wenn du Gott dein Leben öffnest und du deine Augen öffnest, um einmal genau hinzusehen, kannst du wahrscheinlich auch in deinem Leben Wunder sehen. (Darüber sage ich in Kapitel 3 noch mehr.)

WENN WIR ÜBER ATHEISTEN REDEN ...

Als wir über die Existenz Gottes geredet haben, sahen wir, dass die Beweise auf der Seite derer liegen, die glauben, und nicht auf der Seite derer, die die Realität Gottes verneinen. Ich werde sogar noch einen Schritt weitergehen und behaupten, dass man als Atheist eine unvernünftige und intellektuell unvertretbare Position einnimmt. Lass mich das erklären.

Es gibt drei Positionen, die ein Mensch in Bezug auf die Existenz Gottes haben kann:

1. Theismus, der behauptet, dass Gott existiert;
2. Agnostizismus, der behauptet, dass man nicht wissen kann, ob Gott existiert oder nicht;
3. Atheismus, der behauptet, dass Gott nicht existiert.

Lass mich einmal demonstrieren, warum die 3. Position (Atheismus) nicht wirklich rational ist. Angenommen, ich erzähle ein paar Leuten, dass ich irgendwo in der Stadt eine wertvolle Silbermünze versteckt habe, und dann schicke ich sie los, um die Münze zu suchen.

Einige Stunden später kommen alle zurück. Einige verkünden froh, dass sie die Silbermünze gefunden haben. Diese Leute repräsentieren die Theisten (Position 1).

Andere Leute behaupten, sie seien verwirrt. Sie sagen, sie hätten gesucht, konnten aber die Münze nicht finden. Sie geben jedoch zu, dass die Stadt ziemlich groß ist und dass die Münze an irgendeinem Ort versteckt sein kann, an dem sie nicht gesucht haben. Deswegen können sie nicht sagen, ob die Silbermünze in der Stadt versteckt ist oder nicht. Diese Gruppe repräsentiert die Agnostiker (Position 2).

Eine dritte Gruppe behauptet, sie habe die Silbermünze gesucht – aber weil sie sie nicht finden kann, existiert sie ganz einfach nicht. Diese Leute repräsentieren die Atheisten (Position 3).

Obwohl andere Leute behaupten, dass sie die Silbermünze gesehen haben, verachten die »Atheisten« sie entweder als Menschen, die betrogen wurden, oder als Menschen, die verwirrt sind. Wenn andere Leute sie darum bitten, weiterzusuchen, sagen die »Atheisten«, dass die Suche Zeitverschwendung sei. Wenn sie gefragt werden, ob sie jeden Winkel und jedes Versteck in der Stadt abgesucht haben, sagen die »Atheisten«, dass sie das nicht zu tun bräuchten – sie hätten genug gesucht, um zu wissen, dass die Silbermünze einfach nicht existiere.

VERSCHWOMMENE LOGIK

Die Schlussfolgerungen der ersten beiden Gruppen in dieser Geschichte sind intellektuell vertretbar, die Schlussfolgerung der dritten Gruppe ist es jedoch nicht. Ich schätze, das ist der Grund, warum der bekannte Atheist Isaac Asimov einmal zugegeben hat: »Jahrelang habe ich versucht, aus intellektuellen Gründen Atheist zu sein. Schlussendlich habe ich herausgefunden, dass dies unmöglich ist. Deswegen bin ich schließlich ein Atheist aus emotionalen Gründen geworden.«

Und was waren das für »emotionale Gründe«, wegen derer er bestritt, dass es Gott gibt, als er dies aus intellektuellen Gründen nicht mehr tun konnte? Das hat Asimov nicht verraten.

Vielleicht dachte er, dass Gott ihn schlecht behandelt, im Stich gelassen oder nicht geliebt hat. Vielleicht wusste er, dass der Glaube an Gott auch bedeuten würde, dass er bestimmte moralische Verpflichtungen annehmen müsste, mit denen er nicht konfrontiert werden wollte. Wer weiß? Das Wichtige ist, dass du dafür sorgst, dass kein »emotionaler Grund« *dich* davon abhält, einzugestehen, dass Gott existiert.

Und wenn Gott wirklich existiert – kann es dann etwas Wichtigeres geben, als zu erkennen, wer er ist und was für ein großartiges Leben er für uns geplant hat? So machen wir gleich weiter mit Kapitel 2, in dem wir entdecken werden, wie man die Antwort auf diese sehr wichtige Frage finden kann.

2 IST DIE BIBEL NICHT NUR EIN GANZ GEWÖHNLICHES BUCH?

Eigentlich könnte nichts noch weiter von der Wahrheit entfernt sein, als zu vermuten, dass die Bibel nur ein ganz gewöhnliches Buch ist. Wie auch immer man es betrachtet: Die Bibel zeichnet sich als das ungewöhnlichste Buch aller Zeiten aus. Denk einmal über Folgendes nach:

Die Bibel war das erste Buch, das jemals auf einer Druckerpresse gedruckt wurde. 1454 machte Johannes Gutenberg aus einer Weinpresse eine Druckerpresse und druckte die Bibel. So wurde eine der wichtigsten Erfindungen der Welt entwickelt, um das Lesen und die Verbreitung der Bibel zu fördern.

Von 1454 an bis heute blieb die Bibel das meistveröffentlichte Buch aller Zeiten. 1930 wurde die milliardste Bibel gedruckt – eine Zahl, die sich nun alle fünf Jahre verdoppelt. Vergleiche damit einmal den erstaunlichen Erfolg der Harry-Potter-Bücher, die im Sommer 2000 mit 3,8 Millionen verkauften Exemplaren in der ersten Woche alle Veröffentlichungs-Rekorde gebrochen haben. Doch von der Bibel werden *jede Woche* über 3,8 Millionen Stück gedruckt – Woche für Woche, Monat für Monat,

Jahr für Jahr, Jahrzehnt für Jahrzehnt. Es hat noch nie ein Buch gegeben wie dieses!

Die Bibel wurde in über 2500 Sprachen und Dialekte übersetzt – und diese Zahl wächst monatlich. Das Buch, das am zweithäufigsten übersetzt wurde, ist das »Tagebuch der Anne Frank«, welches in 67 andere Sprachen übersetzt wurde. Wieder ragt die Bibel weit heraus aus allen Büchern, die jemals geschrieben wurden.

EINE QUELLE DER INSPIRATION

Die Bibel hat viele bedeutende wissenschaftliche Errungenschaften inspiriert. Trotz des angeblichen Konflikts zwischen Wissenschaft und Religion hat die Bibel vielen Wissenschaftlern als Inspiration gedient, wie zum Beispiel Blaise Pascal, Charles Babbage, Galileo, Michael Faraday, Robert Boyle, Lord Kelvin, Johannes Kepler, Joseph Lister, Samuel Morse, Matthew Maury, Isaac Newton, Carl von Linné – die Liste ist fast endlos.

Die Bibel hat viele bedeutende soziale Bewegungen angeregt. Bemühungen um bessere Bildung, um die Senkung der Analphabeten-Quote, um die Abschaffung der Sklaverei, um Menschenrechte oder um Hilfe für die Armen und Unterdrückten finden alle ihren Ursprung in der Bibel.

Die Bibel hat politischen Fortschritt angeregt. Ob es der Kampf gegen die Inquisition war oder der Sturz des Kommunismus in Osteuropa – die

Bibel hat oft eine herausragende Rolle in der Verbreitung der Freiheit gespielt.

Die Bibel gehört zum Fundament unserer moralischen, ethischen und rechtlichen Vorstellungen. Darin finden wir die Zehn Gebote, die »Goldene Regel«, die Bergpredigt und den berühmten Abschnitt über die Liebe (»Die Liebe ist langmütig und gütig ...«; 1. Korinther 13). Diese Abschnitte geben uns eine einfache, jedoch tiefgründige Grundlage für moralisches Verhalten, die nirgendwo sonst zu finden ist.

Die Bibel ist das meistbekämpfte Buch aller Zeiten. Tatsächlich haben nicht nur Regierungen Menschen verfolgt, weil sie an die Bibel glaubten, sondern es gab auch Zeiten, in denen sogar die Kirche Menschen verbrannt hat, wenn diese nur eine Bibel besessen haben!

Es wurde mehr Zeit, Geld und Anstrengung aufgewendet, um die Bibel in Verruf zu bringen, als dies bei irgendeinem anderen Buch jemals der Fall war. Trotzdem glauben heute mehr Menschen an die Bibel als jemals zuvor.

In der Bibel haben mehr Menschen Trost, Führung und Frieden gefunden als in irgendeinem anderen Buch. Die Bibel ist für viele eine Quelle der Stärkung, des Lebens und der Heilung. Ohne Zweifel hat sie auf mehr Menschen eine große Auswirkung als irgendein anderes Buch, das jemals geschrieben wurde.

Natürlich machen die Einzigartigkeit und der

Einfluss der Bibel sie nicht zur Wahrheit. Doch sie geben ihr eine Vertrauenswürdigkeit, mit der andere Bücher einfach nicht mithalten können. Wie auch immer man es dreht: Man muss schlussfolgern, dass die Bibel mehr als »ein ganz gewöhnliches Buch« ist. Eigentlich ist es das faszinierendste und einflussreichste Buch, das jemals geschrieben wurde.

WER SCHRIEB DIE BIBEL?

Die Bibel ist eigentlich eine Sammlung von 66 Büchern (39 im Alten Testament und 27 im Neuen Testament). Sie wurde von ungefähr 40 verschiedenen Autoren geschrieben, die während einer Zeitspanne von 1500 Jahren gelebt haben. Sie übten die verschiedensten Berufe aus – einer war König, ein anderer Schafhirte, wieder ein anderer Arzt. Andere waren Fischer, Historiker, Propheten und Theologen. Es gab sogar einen Finanzbeamten (Matthäus, den Zöllner)!

Teile der Bibel wurden geschrieben, während sich die Autoren in den schlimmsten Lebenslagen befanden (im Gefängnis, in großem Leid, im Angesicht des Todes). Andere Abschnitte wurden zu Zeiten großer Freude geschrieben (nach einem Sieg im Krieg, nach Rettung aus einer Gefahr).

Die Bibel wurde in drei verschiedenen Sprachen verfasst: Das Alte Testament ist hauptsächlich in Hebräisch geschrieben, einige Kapitel dagegen in Aramäisch, während das Neue Testament in Griechisch geschrieben wurde.

Die meisten Schreiber der Bibel sind einander nie begegnet. Trotzdem liest sich die Bibel wie eine einzige sich entfaltende Geschichte über Gottes Beziehung zu den Menschen. Man würde fast denken, dass es nur einen Autor gab. Vielleicht hast du dir das beim Lesen der Bibel auch schon gedacht, und das ist eigentlich auch richtig, weil hinter diesen ungefähr 40 Autoren der eigentliche Autor der Bibel steht – Gott.

Zumindest behaupten das die Schreiber der Bibel. Über 2000-mal leiten sie ihre Aussagen mit den Worten »So spricht der Herr« ein. Sie bezeichnen sich selbst als Propheten oder Sprecher Gottes. Sie handeln so, als hätten sie die große Verantwortung, der Welt Gottes Botschaft zu vermitteln.

Aber hat Gott sie wirklich beauftragt? Oder meinten sie es zwar gut, lebten aber selbst in einer Illusion? Vielleicht waren sie auch Betrüger – eher Lügner als Propheten? Sie behaupteten, Menschen zu sein, die Gott erwählt hat, damit sie anderen Menschen Gottes Botschaft vermitteln – sogar dir und mir. Hatten sie recht?

Persönlich habe ich nur sehr wenige Menschen getroffen, die glauben, dass die Schreiber der Bibel bewusste Lügner waren. Mit ihren Schriften haben sie andere zu völliger Ehrlichkeit und Zuverlässigkeit motiviert – das wäre sehr ungewöhnlich für einen Haufen von Lügnern. Außerdem sieht es so aus, als ob sie den Ernst dessen, was sie behaupteten, selbst verstanden haben. Sie lebten in einer Gesellschaft, in der es keine größere Pflicht gab, als Gott zu ehren. Es war ein Verbrechen, fälschlicherweise zu behaupten, dass man ein Prophet war. Das konnte mit dem Tod bestraft werden. Sie akzeptierten ihre Berufung mit tiefer Bescheidenheit und nüchterner Verantwortung.

Kann es sein, dass sie es gut gemeint haben, aber selbst in einer Illusion lebten? Natürlich kann jemand davon überzeugt sein, dass er recht hat, sich aber trotzdem irren. Jedoch sind die Berichte, die in der Bibel niedergeschrieben sind, in die Geschichte eingebettet. Die Schreiber behaupteten, dass sie Augenzeugen von zahlreichen Begebenheiten waren – sogar von Wundern –, und erwarteten von uns, dass wir die geistlichen Wahrheiten aufgrund der Glaubwürdigkeit annehmen, die sie durch historische Zuverlässigkeit erhalten. Während sie über diese historischen Wahrheiten berichteten, kann es nicht sein, dass sie es gut gemeint haben und sich trotzdem irrten. Entweder ist das, was sie sagten, geschehen – oder nicht.

Zum Beispiel haben die Jünger Jesu unter anderem behauptet, dass Jesus Wasser in Wein verwandelt hat, einen Lahmen geheilt hat und am Kreuz gestorben ist. Diese Ereignisse sind entweder geschehen oder nicht. Wenn sie nicht geschehen sind, dann haben es diese Schreiber nicht einfach »gut gemeint« – dann haben sie gelogen.

Dann bleibt eigentlich nur noch eine Möglichkeit offen: Wenn die Schreiber nicht vorsätzliche Betrüger waren, müssen sie aufrichtige Zeugen von Gottes Wundern und treue Überbringer der göttlichen Botschaft gewesen sein. Aber gibt es irgendwelche Beweise dafür, dass dies der Fall ist? Können wir sachlich prüfen, ob die Bibel von Gott kam oder nicht? Ich bin davon überzeugt, dass das möglich ist.

OBJEKTIVE BEWEISE

Wenn wir alle großen Religionen der Welt betrachten, dann finden wir insgesamt etwa 26 Bücher, von denen behauptet wird, dass sie göttlich inspiriert (oder uns von Gott gegeben) sind. Doch die Bibel unterscheidet sich von diesen anderen Büchern in einigen bedeutenden Punkten.

Allein die Bibel beinhaltet Hunderte Prophetien, die sich erfüllt haben. Nur Gott hat wirklich die Fähigkeit, uns den Ausgang von Anfang an vorauszusagen. Diese erfüllten Prophetien sind keine Zufallstreffer oder ungenaue Vermutungen, die einfach eingetroffen sind. Stattdessen werden uns genaue Einzelheiten genannt, die alle Bereiche betreffen – vom Aufstieg und Fall der großen Königreiche der Welt bis hin zu persönlichen Informationen über Einzelne, die maßgeblich an Gottes Plan beteiligt sind. Es gibt mehrere Hundert Prophetien, die einige Jahrhunderte vor Christi

Geburt niedergeschrieben wurden und die ihre wunderbare Erfüllung in Jesus gefunden haben. Wie wir in Kapitel 4 sehen werden, haben die alttestamentlichen Propheten fast jeden bedeutenden Aspekt seines Lebens vorausgesagt.

Die Archäologie bestätigt ebenfalls die Glaubwürdigkeit der Bibel, die sich im Alten und Neuen Testament auf Hunderte von Städten, Menschen und historischen Ereignissen bezieht. In der Vergangenheit konnten viele dieser sachlichen Behauptungen nicht von anderen historischen Dokumenten bestätigt werden. Diese Tatsache benutzten Skeptiker in ihren Angriffen auf die Bibel, und sie hatten Hochkonjunktur.

Jedoch schien es in der zweiten Hälfte des 20. Jahrhunderts schon fast so zu sein, als ob wirklich jeder Spatenstich eines Archäologen hilfreiche Beweise für die Bibel ans Licht brachte. Städte, von denen die Skeptiker einst behaupteten, dass sie nie existiert haben, wurden ausgegraben. Die Namen von Königen, Propheten und militärischen Führern, die angeblich nur in den »Mythen« der Bibel vorkamen, wurden in historischen Aufzeichnungen gefunden, wie zum Beispiel in den Schriftrollen vom Qumran oder auf den Tontafeln von Ebla. Tatsächlich gibt es jetzt Tausende archäologische Entdeckungen, die historische Aspekte der Bibel bestätigen, und die Zahl dieser Bestätigungen wächst noch immer beträchtlich.

MACHEN WIR'S PERSÖNLICH

Doch es gibt noch einen besseren Weg, um herauszufinden, ob die Bibel wirklich das Wort Gottes ist. Du kannst sie selbst lesen und entdecken, ob sie zu deinem Herz und deiner Seele spricht, wie kein anderes Buch es jemals getan hat.

Viele versuchen die Bibel zu lesen, indem sie am Anfang mit 1. Mose anfangen und bald stecken bleiben – bei langatmigen Stammbäumen mit Namen, die sie nicht aussprechen können, oder bei detaillierten Anweisungen des alttestamentlichen Gesetzes. Doch du selbst kannst die Bibel lesen und verstehen, wenn du einige grundlegende Prinzipien berücksichtigst:

1. Fange mit dem Lesen im Neuen Testament im Matthäus-Evangelium an. Die Gesetze, Opfer und Rituale des Alten Testaments haben ihren angemessenen Platz im Bibelstudium, doch das Leben und die Lehre Jesu Christi sind viel wichtiger für jeden Einzelnen von uns heutzutage. (Anmerkung: Matthäus beginnt mit einem Stammbaum. Eigentlich verbergen sich dahinter viele interessante historische Ereignisse, doch wenn du anfängst zu lesen, fühle dich so frei und überspringe diese ersten paar Absätze und fange gleich mit der Geburt von Jesus Christus an.)

2. Lies eine Übersetzung, die du verstehen kannst. Wenn du wirklich ein Fan von komplizierten Formulierungen bist, dann lies eine ganz alte Übersetzung. Wenn nicht, versuche es mit einer

zeitgemäßeren Übersetzung der Bibel. Die Übersetzungen sind vom Inhalt her betrachtet alle gleich – manche formulieren es eben eher in der heutigen Sprache als andere.

3. Bitte Gott, dass er dir hilft, zu verstehen, was du liest. Die Bibel ist das einzige Buch der Welt, bei dem der Autor dir behilflich zur Seite steht, um es dir während des Lesens zu erklären. Bitte Gott in einem einfachen Gebet, dass er dir die Wahrheit zeigen soll, damit du erkennen kannst, was sein Wort sagt. Sag ihm, dass du bereit bist, zu glauben und dem zu folgen, was er dir zeigt.

4. Erstelle dir einen einfachen Leseplan. Gib deine guten Vorsätze nicht gleich wieder auf. Nimm dir 10 bis 15 Minuten pro Tag – vielleicht am Morgen, mittags oder bevor du zu Bett gehst – und bleibe die nächsten 30 Tage dabei. Du wirst überrascht sein, wie viel du in dieser kurzen Zeit lernst.

Die Bibel hat das Leben von Millionen von Menschen grundlegend verändert. Sie kann auch dein Leben verändern! Bist du es dir nicht selbst schuldig, die Bibel selbst zu lesen und zu entdecken, was sie dir zu sagen hat?

WIDERSPRÜCHE IN DER BIBEL?

Wer hat noch nicht von den uralten Vorwürfen gehört, dass die Bibel voller Fehler und Widersprüche ist? Eigentlich hört man sie schon so oft, dass die meisten von uns annehmen, das sie wahr sind, ohne sie jemals selbst einmal überprüft zu haben. Schließlich kann es ja nicht sein, dass alle, die dies behaupten, falsch liegen – oder?

Einmal habe ich an der Universität von Maryland lange Gespräche mit einem Skeptiker namens Roger geführt. Nach Wochen der Diskussion mit vielen Meinungsverschiedenheiten grüßte er mich eines Montags mit einem Lächeln auf dem Gesicht und teilte mir ganz freudig mit, dass ich ihn eigentlich dazu motiviert hatte, selbst das Neue Testament zu lesen. Ich war froh.

Und dann – mit noch größerer Freude – erzählte er mir, dass er 27 Widersprüche im Neuen Testament gefunden hatte, die er mir zeigen wollte. Wir besprachen den ersten, dann einen zweiten und schließlich einen dritten. Jeder »Widerspruch« – wenn er im Zusammenhang gelesen wurde – hatte eine einfache Erklärung, die Roger problemlos akzeptierte.

So fragte ich ihn schließlich, ob er diese »Widersprüche« selbst gefunden hat oder ob jemand anders sie ihm gezeigt hat. Er gab kleinlaut zu, dass er kein bisschen im Neuen Testament gelesen hat – er hatte einfach die Liste aus einem Buch von einem anderen Skeptiker abgeschrieben.

Wenn man die Bibel sorgfältig im Zusammenhang studiert, wird man nach meiner Überzeugung zu dem Schluss kommen, dass sie keinen einzigen Widerspruch enthält. Wir müssen jedoch die Bedeutung von drei wichtigen Wörtern verstehen, die mit dieser Thematik zu tun haben: Widerspruch, Paradoxon und Geheimnis.

Ein *Widerspruch* liegt vor, wenn »A und Nicht-A im selben Kontext als wahr dargestellt werden«. Wenn beispielsweise die Bibel an einer Stelle lehren würde, dass Jesus Gottes Sohn ist, und an einer anderen Stelle, dass er nicht Gottes Sohn ist, dann wäre das ein *gerechtfertigter* Widerspruch. Wenn die Bibel an einer Stelle lehren würde, dass Jesus Gottes Sohn ist, und an einer anderen Stelle, dass ein falscher Prophet behauptete, dass er nicht Gottes Sohn ist, dann wäre dies *kein gerechtfertigter* Widerspruch. Das würde lediglich darauf hinweisen, dass wir dem falschen Propheten nicht glauben sollten.

Ein *Paradoxon* ist, wenn es zuerst so scheint, als ob sich zwei Aussagen widersprechen würden, weitere Untersuchungen jedoch zeigen, dass die beiden Aussagen sich eigentlich ergänzen. Zum Beispiel lehrt die Bibel an manchen Stellen, dass Jesus der Sohn Gottes ist, und trotzdem nennt sie ihn an anderen Stellen »Menschensohn«. Skeptiker könnten aufspringen und fragen: »Was war er – der Sohn Gottes oder der Sohn des Menschen?«

Die Antwort ist, dass er beides war! Die Bibel lehrt, dass Jesus völlig Gott und völlig Mensch ist. Er ist wirklich Gott und ein echter Mensch. Das ist das Wunder, das wir an Weihnachten feiern – dem Zeitpunkt, an dem Gott ein Mensch wurde – unter Christen bekannt als die »Menschwerdung« oder »Inkarnation«. Und um ganz genau zu sein: Als Jesus den Ausdruck »Sohn des Menschen« verwendete, bezog er sich auf einen Titel für den Erlöser, der im Alten Testament vorkommt (Daniel 7,13). Als er sich selbst *den* »Sohn des Menschen« nennt, nimmt er eigentlich darauf Bezug, dass er selbst dieser Erlöser ist.

Ein anderes Paradoxon, das viele Menschen verwirrt, betrifft die Stammbäume Jesu. Man kann schnell feststellen, dass der Stammbaum Jesu im Matthäus-Evangelium sich sehr stark von dem Stammbaum im Lukas-Evangelium unterscheidet. Wie kann das sein? Das scheint keine Kleinigkeit zu sein, über die man einfach hinwegsehen könnte.

Aber es gibt wieder eine einfache Antwort: Jesus hatte zwei Eltern. Der Stammbaum, den Matthäus uns gibt, ist von einem Elternteil, und der Stammbaum in Lukas lässt sich auf seinen anderen Elternteil zurückführen.

Doch wie können wir wissen, welcher Stammbaum zu welchem Elternteil gehört? Es wird offensichtlich, wenn wir die Themen jedes Evangeliums betrachten:

Matthäus zeigt Jesus als den König der Juden. Seinen Stammbaum würde man hier deshalb über Joseph zurückverfolgen, seinen legalen irdischen Vater.

Markus schreibt von Jesus als dem Knecht des Herrn. Er gibt uns keinen Bericht von der Geburt Jesu.

Lukas, ein Arzt, zeigt uns Jesus als einen Menschen. Er schreibt viel über die Geburt Jesu aus der Perspektive seiner Mutter, Maria. Deshalb ist es naheliegend zu folgern, dass dieser Stammbaum die Vorfahren der Mutter Jesu aufführt.

Johannes schreibt von Jesus als Sohn Gottes. Sein Bericht über die Geburt Jesu beginnt in der Vergangenheit der Ewigkeit: »Im Anfang war das Wort ... und das Wort war Gott.« Dann fährt er fort: »Und das Wort wurde Fleisch und wohnte unter uns; und wir sahen seine Herrlichkeit, eine Herrlichkeit als des Eingeborenen vom Vater, voller Gnade und Wahrheit« (Johannes 1,1 und 1,14).

Das letzte Wort, das wir in dieser Auseinandersetzung verstehen müssen, ist *Geheimnis*. Ein Geheimnis ist etwas, das wir nicht mit unserem eingeschränkten menschlichen Verstand fassen können, das aber trotzdem wahr ist.

Ein Beispiel dafür ist die Debatte über die Vorherbestimmung und den freien Willen – oder mit anderen Worten: Bestimmt Gott unsere Zukunft vorher oder wählt jeder von uns seinen eigenen Weg? Eigentlich glaube ich, dass die Bibel lehrt, dass beides richtig ist.

Mit unserem begrenzten Verstand haben wir wohl Schwierigkeiten zu verstehen, wie beide Aussagen gleichzeitig wahr sein können (ich weiß auf jeden Fall, dass ich Schwierigkeiten habe, das zu begreifen). Wie auch immer: Das Problem liegt nicht an der Bibel, sondern an unseren begrenzten

Fähigkeiten als Menschen. Was dies betrifft, so sind wir begrenzte Wesen und leben in einer zeitlichen Welt – diese Wahrheiten jedoch sind unbegrenzt und ewig. Daher kommt unsere Unfähigkeit.

Ich möchte dir gerne einen Rat geben, wie man mit schwer verständlichen Stellen in der Bibel umgeht: Lass niemals zu, dass das, was du in der Bibel nicht verstehst, dich davon abhält, das zu glauben, was du verstehst.

Wir würden keinem Viertklässler erlauben, die ganze Mathematik abzulehnen, nur weil er die Differenzial- und Integralrechnung nicht versteht. Wir würden ihm raten: »Lerne deine Addition, Subtraktion, Algebra und Geometrie, und eines Tages wirst du auch die Differenzial- und Integralrechnung verstehen.«

Wenn es jedoch um die Bibel geht, lehnen manche Menschen es ab, irgendetwas zu glauben, wenn sie nicht alles verstehen. »Wenn ich die Lehre über die Vorherbestimmung nicht verstehe«, verkünden sie, »dann glaube ich auch nicht, dass Gott existiert!« Wenn du so ans Lernen herangehst, wirst du wahrscheinlich nie ein Christ werden (und du wirst wahrscheinlich auch nicht weit in Mathematik kommen).

Ja, die Bibel enthält viele *Geheimnisse* und sogar noch mehr *Paradoxa*. Doch wenn man sie richtig und fair studiert, glaube ich nicht, dass man die *Widersprüche* findet, von denen die Bibel angeblich so voll sein soll.

EINFACH LEICHTGLÄUBIG?

Manchmal werde ich gefragt, ob ich wirklich so leichtgläubig bin und etwas glaube, nur weil es in einem Buch steht. Eigentlich nicht – und ich hoffe, du auch nicht.

Andererseits habe ich das meiste, was ich weiß, aus Büchern gelernt. Ich wette, dass du fast alles, was du über Geschichte, Naturwissenschaften, Mathematik oder andere Gebiete weißt, ebenfalls aus Büchern gelernt hast. Statt uns von unseren unbeständigen Gefühlen leiten zu lassen, können wir auf lang erprobte und bewährte Informationen zurückgreifen, die von einer Generation zur nächsten auf gedruckten Seiten weitergegeben wurden.

Gott kommuniziert mit Menschen auf verschiedene Weise. Wir alle haben durch seine Schöpfung seine Größe gespürt. Wir wurden von seinen moralischen Grundsätzen geleitet, die von Haus aus in unser Gewissen eingebettet sind. Doch die sachlichste und genaueste Weise, wie Gott sich uns zu erkennen gibt, ist durch die Bibel.

Bis heute haben viele Generationen von Menschen Gott kennengelernt – und ihr Leben wurde verändert durch das, was sie aus der Bibel gelernt haben. Wie kein anderes Buch hat die Bibel den Test der Zeit überstanden und sich als glaubwürdig erwiesen. Wir können die großartigen Bücher der Menschheit ehrlich und sachlich studieren, um zu entscheiden, welches von ihnen uns von Gott gegeben wurde. Mir fällt kein Buch mit grö-

ßerem Einfluss, mit größerer Kraft zur Lebensver-
änderung und mit größerer Glaubwürdigkeit ein
als die Bibel. Fällt dir eins ein?

Als Nächstes werden wir uns damit auseinan-
dersetzen, was uns dieses unglaubliche Buch über
ein wirklich wichtiges Thema unserer heutigen
Zeit zu sagen hat. Es geht um die Frage: Wer ent-
scheidet, was richtig oder falsch ist?

3 KANN ICH DENN NICHT SELBST BESTIMMEN, WAS FÜR MICH RICHTIG IST?

Was ist die neueste Schreckensbotschaft, die dich geschockt hat?

Unsere Zeitungen und Nachrichten sind fast schon ein Angriff auf unsere Gefühlswelt geworden. Die modernen Medien bombardieren uns täglich mit schrecklichen Verbrechen aus der ganzen Welt.

Während wir immer mehr Korruption und Bosheiten beobachten, werden wir jedoch auch mit einer anderen Botschaft bearbeitet. Mit welcher Botschaft? »Richte nicht! Lebe und lass andere leben! Niemand hat das Recht zu behaupten, dass das Verhalten eines anderen falsch, schlecht oder gemein ist.«

Obwohl die meisten von uns bestimmte Dinge als verkehrt ansehen, ist diese Botschaft der Toleranz so sehr verbreitet, dass wir uns schon fragen müssen, ob es so etwas wie »richtig« und »falsch« überhaupt noch gibt? Gibt es Dinge, die immer falsch sind – für alle Menschen, zu jeder Zeit, in allen Umständen? Oder können wir alle selbst entscheiden, was richtig für uns ist?

Nach der modernen Philosophie des moralischen *Relativismus* ist niemals irgendetwas absolut richtig oder falsch – es ist eben alles relativ. Im Gegensatz dazu lehrt die Bibel, dass es eine *absolute* Moral gibt – bestimmte Dinge, die immer richtig oder falsch sind, *egal unter welchen Umständen*. Obwohl manche Menschen die schlimmsten Verbrechen verteidigen, verlangt der normale Menschenverstand, dass Mord, Raub, Ehebruch, Diebstahl, Betrug und andere Verbrechen immer falsch sind.

DIE »GOLDENE REGEL«

Der biblische Maßstab der absoluten Moral ist als die »Goldene Regel« bekannt – kurz gesagt: »Behandle andere so, wie du selbst von ihnen behandelt werden willst.« Es gibt wirklich kein fundiertes Argument dagegen, denn während ein Mann seinen eigenen Ehebruch rechtfertigt, wäre er mit Sicherheit empört, wenn ein anderer Mann mit seiner Frau Ehebruch begehen würde. Jemand könnte seinen eigenen Diebstahl entschuldigen, aber er würde nicht dieselbe Entschuldigung akzeptieren, wenn jemand anders etwas von ihm stehlen würde.

Diese »Goldene Regel« basiert auf dem höchsten moralischen Prinzip – der Liebe. Doch obwohl uns Gedichte, Lieder und Geschichten über die Liebe tief berühren, stehen wir auch in dem innerlichen Kampf, lieblos zu denken und zu handeln.

Dieser Egoismus ist das Wesen dessen, was die Bibel »Sünde« nennt – oder »Brechen der Gesetze Gottes«.

Manche Menschen sind so fest vom moralischen Relativismus überzeugt, dass sie manches Verhalten verteidigen, das eigentlich unvertretbar ist. Ich halte oft Vorträge an Hochschulen, an denen die Philosophie des moralischen Relativismus sehr stark verbreitet ist (und in noch größerem Umfang praktiziert wird). Normalerweise gibt es dort mindestens einen Studenten, der sich absolut sicher ist, dass es nichts gibt, was absolut ist.

WAS IST MIT HITLER?

Ich meine, dass ein extremes Beispiel gut demonstriert, dass es wenigstens ein paar absolute Werte gibt. Deshalb frage ich Studenten oft, was sie über Adolf Hitler denken. War er ein böser Mann? War er gemein? Bist du bereit, ein moralisches Urteil über ihn zu fällen?

Ich bin erstaunt, wie oft solche relativistische Studenten es ablehnen, ein solches Urteil zu fällen. Eigentlich führt sie ihre Philosophie dazu, dass sie einige Dinge sagen, die absolut verrückt sind (verzeiht bitte mein Urteil)!

»Hitler würde nicht gut in unser soziales Netz passen«, würde einer sagen. »Gut, ich würde niemals das tun, was er getan hat, aber ich würde ihn auch nicht verurteilen«, sagt ein anderer. »Ich weiß nicht, ob er richtig oder falsch lag – ich selbst habe diesen Mann nie kennengelernt«, erklärt wieder ein anderer. »Hitler tat nichts Falsches, er war krank«, schlussfolgert jemand anders.

Die wahrscheinlich beunruhigendste Antwort, die ich jemals auf diese Frage bekommen habe, kam von einer Studentin an der Southern Illinois University mit Ansichten aus der New-Age-Bewegung. »Eigentlich«, sagte sie, »handelte Hitler nach seinen innersten Überzeugungen. Er war sich selbst treu. Und in diesem Sinn könnte man sagen, dass Hitler ein *besserer* Mensch war als die meisten von uns.«

Nun, niemand könnte bestreiten, dass Hitler nicht »sich selbst treu« war. Aber man könnte gut argumentieren, dass es in Hitlers Fall nicht positiv war, »sich selbst treu« zu sein.

Bestimmt denkst du nicht, dass Hitlers Taten richtig waren, oder? Aber trotzdem: Wenn es keinen Gott gibt und keine absoluten Werte, warum war das, was Hitler tat, dann Unrecht?

Die deutsche Regierung hat damals gesagt, dass es legal war, was Hitler tat. Das Gesetz unterstützte seinen Terror. Die Stimme des Volkes sprach, indem es ihn wählte. Er kam mit seinem Handeln durch (zumindest für eine Weile). Tief in seinem Herzen fühlte er offensichtlich, dass das, was er tat, gut und richtig war – dass er eines Tages als Held gepriesen werden würde. Aber trotz alldem:

War es richtig, was er tat? Ich hoffe, du antwortest mit einem entschiedenen »Nein!«

Wenn du es nicht richtig findest, was Hitler tat, erkennst du damit an, dass es wenigstens ein paar absolute Werte gibt. Und obwohl du und ich nicht an Hitlers extremen Taten schuldig sind, haben auch wir egoistisch gehandelt und Gottes absolute moralische Gesetze gebrochen.

WER DEFINIERT MORAL?

Wie wir in Kapitel 1 gesehen haben, gibt es eine Menge Beweise für die Existenz Gottes. Wenn es keinen Gott geben würde und jeder Mensch die höchste Form des Lebens wäre, dann könnte sicher jeder von uns seine eigene Moral bestimmen. Wenn es Gott jedoch gibt, steht ihm die Definition von Moral zu – und nicht uns.

Die Bibel lehrt nicht nur, dass Gott existiert, sondern auch, dass jeder von uns nach seinem Bild geschaffen ist. Das heißt natürlich nicht, dass wir körperlich wie Gott aussehen, sondern eher, dass wir nach seinem moralischen Ebenbild gemacht worden sind. Wenn es um Moral geht, sind wir geschaffen worden, um so zu werden wie Gott!

Zum Beispiel hat Gott uns gesagt, dass wir nicht morden sollen. Das tat er nicht, weil er irgendeine willkürliche Regel erfinden wollte. Er befahl uns, nicht zu morden, weil er der Geber allen Lebens ist. Ähnlich ist es mit der Lüge. Gott ist ehrlich und treu, und deshalb verlangt er von uns, dass wir ehrlich und treu sind.

Gott ist in seinem ganzen Wesen Liebe. Wenn wir egoistisch oder lieblos handeln, versagen wir darin, sein moralisches Vorbild widerzuspiegeln. Wie wir schon gesehen haben, nennt die Bibel es »Sünde«, wenn wir scheitern, Gottes moralisches Vorbild widerzuspiegeln. Außerdem zeigt die Bibel auf, was für eine wunderbare Sache es ist, Gottes moralisches Vorbild widerzuspiegeln, dass wir aber alle gesündigt haben und die Herrlichkeit Gottes verfehlen, die wir vor Gott haben sollten (Römer 3,23).

Durch die ganze Bibel hindurch zeigt uns Gott immer wieder, wie er ist – und damit auch, wie wir sein sollten. Der vielleicht bekannteste und bewährteste Ausdruck von Gottes Moral ist uns in einer Liste gegeben, die allgemein als die »Zehn Gebote« bekannt ist.

DIE TOP TEN

Die »Zehn Gebote« sind nicht nur ein klassischer Film mit Charlton Heston in der Hauptrolle. Sie haben als eine der Grundlagen für unsere westliche Gesellschaft und unsere Gesetze gedient. Außerdem hoffen viele Menschen, dass sie in den Himmel kommen, wenn sie die Gebote halten. Die Zehn Gebote sind in den USA auch politisch ein »heißes Eisen« geworden, indem Schulen und andere öffentliche Einrichtungen entscheiden müssen, ob sie sie weiterhin aushängen oder aber von ihrem Grundstück verbannen.

Doch trotz all dieser Meinungsverschiedenheiten habe ich entdeckt, dass die meisten Menschen nicht einmal die Hälfte der Zehn Gebote nennen können! Kannst du es? Vergiss nicht: Sie sind ziemlich wichtig. Schließlich erwartet Gott, dass wir uns an seinen Maßstab halten, und er wird letztendlich jeden Einzelnen von uns danach richten. Die Zehn Gebote zeigen diesen Maßstab Gottes gut. Deshalb wollen wir jedes dieser Gebote und ihre Bedeutung ansehen. Die Zehn Gebote findet man in 2. Mose 20,1-17.

1. *»Ich bin der Herr, dein Gott … du sollst keine anderen Götter neben mir haben!«*
Einfach ausgedrückt: Gott verlangt, dass er unser »Gott« ist. Er erwartet von uns, dass wir ihn genauso lieben, wie er uns liebt. Er erwartet von uns, dass wir niemanden mehr schätzen oder ehren als ihn. Das ist nicht selbstsüchtig oder egoistisch von Gott – es ist einfach angemessen und richtig, dass du und ich den lieben und verehren, der uns das Leben gegeben hat und der für immer über das ganze Universum herrscht.

2. *»Du sollst dir kein Bildnis noch irgendein Gleichnis machen, weder von dem, was oben im Himmel,*

noch von dem, was unten auf Erden, noch von dem,
was in den Wassern, unter der Erde ist.«

Wir sollen Gott so kennen und lieben, wie er wirklich ist. Gott gibt uns nicht die Freiheit, das über ihn zu glauben, was wir über ihn glauben wollen. Er erwartet von jedem von uns, dass wir ihn ernsthaft suchen. Und wenn wir das tun, verspricht er, dass er uns zeigt, wie er ist.

Es gibt heutzutage viele Vorstellungen davon, wie Gott sein könnte. Es ist alles dabei, von einer »höheren Macht« bis hin zu einer Märchenfigur. Manche Religionen behaupten, dass es viele Götter gibt. Für manche Menschen ist die Natur Gott. Für andere ist Sex, Geld, Macht oder Liebe ihr »Gott«. Sogar unter den Menschen, die an den Gott der Bibel glauben, gibt es solche, denen einige von Gottes Eigenschaften nicht gefallen und die sich deswegen nach ihren Vorstellungen ihr eigenes Bild von Gott machen.

Dieses Gebot ist von entscheidender Bedeutung, weil eine Person letzten Endes so werden wird, wie ihre Vorstellung von Gott ist. Tief drinnen in jedem menschlichen Wesen ist ein Verlangen, etwas oder jemanden zu verehren oder anzubeten. Anbetung beschränkt sich nicht auf das, was man in einer Kirche, Synagoge oder Moschee tut. Anbetung beinhaltet Bewunderung und Wertschätzung. Wer den wahren Gott versteht und ihn anbetet, wird wachsen und ihm immer ähnlicher werden. Doch ein Mensch, der etwas anderes am meisten bewundert oder am höchsten schätzt, was weniger Wert hat als der wahre Gott, wird letzten Endes diesem falschen »Gott« immer ähnlicher werden.

3. *»Du sollst den Namen des Herrn, deines Gottes, nicht missbrauchen; denn der Herr wird den nicht ungestraft lassen, der seinen Namen missbraucht.«*
Dieses Gebot wird oft durch bloße Nachlässigkeit gebrochen. Viele Menschen fluchen mit Wörtern wie »Gott« und »Jesus«, ohne überhaupt darüber nachzudenken. Vielleicht missbrauchen sie den Namen Gottes, nachdem sie eine Prüfung verhauen oder eine Rechnung vergessen haben, wenn ihnen im Straßenverkehr die Vorfahrt genommen wurde oder sie sich über irgendetwas ärgern.

Wenn ich Menschen mit dem Wort »Gott« fluchen höre, frage ich oft: »Wie bitte?«, als ob ich sie nicht verstanden hätte. Ihr verwirrter Gesichtsausdruck zeigt, dass sie nicht wirklich darüber nachgedacht haben, bevor sie dieses Wort sagten – sie haben nur aus Gewohnheit geflucht. Genau das ist es, was mit »seinen Namen missbrauchen« gemeint ist – Gottes Namen in einer gedankenlosen und leichtsinnigen Art und Weise zu benutzen, ohne ihm den angemessenen Respekt zu geben.

Tatsächlich ist für viele Menschen der Name Gottes nicht mehr als ein Wort, mit dem sie ihren Ärger oder ihre Empörung ausdrücken können. Jahrelang dachte ich, es wäre cool zu fluchen. Viele

Ausdrücke, die ich vor meinen Freunden benutzte, hätte ich niemals vor meiner Mutter benutzt. Statt Gott zu ehren für das, was er ist, zeigte ich völlige Verachtung seiner Person gegenüber. Jesus sagte, dass das, was wir sagen, zeigt, was in unseren Herzen ist. Wenn du einmal hinhörst, was du über Gott sagst, was zeigt dir das über das, was in deinem Herzen ist?

Mal nebenbei gefragt: Ist dir schon einmal aufgefallen, dass nur die christlichen Namen für Gott als Fluch hergenommen werden? Überall, wo ich hingereist bin, hörte ich »Gott«, »Herr«, »Jesus« und »Christus« als Fluch – aber niemals irgendwelche anderen Namen. Zum Beispiel kann ich mich nicht daran erinnern, dass unser Lehrer uns Tests zurückgegeben hat und einer meiner Mitschüler ausgerufen hätte: »O Buddha!« Auch habe ich noch nie gehört, dass jemand »Allah« in einem Fluch verwendet. Könnte es sein, dass es den schlimmsten Feind unserer Seelen, der den Namen des einzig wahren Gottes kennt, freut, wenn wir mit diesen Namen fluchen, ihm andere Namen aber egal sind?

Das Furchterregendste an diesem Gebot ist, dass viele Menschen es unbewusst jeden Tag brechen, obwohl es das einzige Gebot ist, in dem Gott im selben Satz mit einer Strafe warnt: »… denn der Herr wird den nicht ungestraft lassen, der seinen Namen missbraucht.« Bist du beunruhigt? Ja das solltest du sein. Aber lies weiter – wir werden später noch darüber sprechen, was man dagegen tun kann.

4. *»Gedenke an den Sabbattag und heilige ihn! Sechs Tage sollst du arbeiten und alle deine Werke tun; aber am siebten Tag ist der Sabbat des Herrn, deines Gottes; da sollst du kein Werk tun.«*

Dieses Gebot erinnert uns an die einfache Tatsache, dass Gott selbst die Quelle des Lebens ist. Wir sollen uns jede Woche einen Tag nehmen, um uns geistlich und körperlich zu erfrischen – einen Tag, um uns daran zu erinnern, dass wir zu Gott gehören, und um ihn angemessen anzubeten. Und trotzdem sind manche Menschen so rebellisch gegen Gott, dass sie ihm nicht einmal gehorchen wollen, wenn er ihnen sagt, dass sie sich entspannen sollen!

Dieses Gebot ist ein perfektes Beispiel dafür, dass Gottes Gebote in Liebe und zu unserem Nutzen gegeben sind. In unserer Welt gibt es viel Komfort, der unser Leben einfacher und leichter machen soll. Mikrowellen, Handys, Computer, Autos und Maschinen übernehmen viel von der Arbeit, die früher durch Menschen getan werden musste. In den 1960ern haben Wissenschaftler darüber nachgegrübelt, was die Menschen mit all ihrer Freizeit tun würden, wo nun Computer und Maschinen so viel für sie tun! Und trotzdem sind wir jetzt viel mehr geplagt, gehetzt, gestresst und abgemüht als zu jeder anderen Zeit in der Geschichte.

Milliarden von Menschen sind von seelischen und körperlichen Krankheiten geplagt, die durch Stress und Sorgen verursacht sind. Ob du es glaubst oder nicht: Es gab eine Zeit, die noch nicht allzu lange her ist, da hat kaum jemand am Sonntag gearbeitet. Es gab einen Tag, der reserviert war für Gottesdienst und Familie. Das war eine Zeit, in der die Menschen gesünder und glücklicher waren, obwohl es weniger Bequemlichkeiten gab. Vielleicht sollten wir von diesen Menschen etwas lernen.

5. »Du sollst deinen Vater und deine Mutter ehren.«
Glaubst du, dass Gott an die Pubertät dachte, als er uns dieses Gebot gab? Ich bin mir sicher, dass er daran dachte, und ich bin mir auch sicher, dass ihm bewusst war, wie schwer es sein kann, unseren Eltern Ehre und Respekt zu erweisen – egal, in welcher Phase des Lebens wir (oder sie) gerade sind. Und trotzdem sagt uns Gott, dass wir unsere Eltern ehren, sie achten und ihnen gehorchen sollen. Nicht nur in einem allgemeinen Sinn oder wenn wir sowieso schon mit ihnen übereinstimmen, sondern es bedeutet: immer! Wenn wir das missachten, ist das Sünde – eine sehr schwerwiegende Sünde.

Manchmal fragen Menschen, ob von ihnen verlangt wird, dass sie einen Elternteil ehren, der sich falsch verhält. Ja, wir sollen sie weiter ehren, einfach deshalb, weil sie diejenigen sind, die uns in diese Welt gebracht haben. Wir sollen unsere Eltern immer ehren, doch es kann Fälle geben, in denen wir ihnen nicht gehorchen müssen. Das deutlichste Beispiel wäre, wenn unsere Eltern von uns etwas verlangen würden, was Sünde ist. Offensichtlich sollen wir unseren Eltern nicht gehorchen, wenn sie etwas von uns verlangen, was Gott verbietet.

6. *»Du sollst nicht töten.«*

Ich weiß, was du jetzt denkst: »Endlich kommen wir zu einem Gebot, das ich nicht gebrochen habe!« Ja, wir haben alle geflucht, den Tag des Herrn nicht beachtet, sind falschen Vorstellungen über Gott gefolgt und haben unsere Eltern nicht geehrt. Aber wenigstens haben wir niemanden *getötet*. Oft habe ich Menschen tatsächlich gefragt, warum sie denken, dass Gott sie in den Himmel lassen sollte, und eine der häufigsten Antworten ist: »Weil ich nie jemanden getötet habe.«

Jesus wies jedoch darauf hin, dass Gottes Maßstab nicht nur unsere Taten betrifft, sondern auch unsere Worte und die Einstellungen unseres Herzens. Das ist, was er gesagt hat: »Ihr habt gehört, dass zu den Alten gesagt ist: ›Du sollst nicht töten‹ … Ich aber sage euch: Jeder, der seinem Bruder ohne Ursache zürnt, wird dem Gericht verfallen sein. Wer aber zu seinem Bruder sagt: ›Raka!‹ (d. h. ›Dummkopf‹ oder ›Nichtsnutz‹), der wird dem Hohen Rat verfallen sein. Wer aber sagt: ›Du Narr!‹,

der wird dem höllischen Feuer verfallen sein«
(Matthäus 5,21-22).

Gott ist an unseren Herzen und an unseren
Motiven interessiert. Es ist lobenswert, dass du
tatsächlich niemanden getötet hast, der dich zornig gemacht hat. Aber es ist eigentlich dein Herz,
das zählt. Wer von uns könnte sagen, dass er
noch nie jemanden gehasst, noch nie nach Rache
gesucht, noch nie jemandes Ansehen mit seinen
Worten zerstört hat oder eifersüchtig oder neidisch gewesen ist? Diese Gedanken, Worte und
Taten kommen alle von unserem Egoismus und
entsprechen nicht der Liebe, die Gott von uns
erwartet.

7. »Du sollst nicht ehebrechen.«

Gott erdachte sich Ehe und Familie. Dieses
Gebot gab er uns, um diese wichtige Einrichtung
zu schützen und ein liebendes und stabiles Umfeld
für Eltern und Kinder zu schaffen.

Die Bibel lehrt, dass Ehebruch ein direkter
Angriff auf die Familie ist. Ebenso verbietet dieses
Gebot Sex vor oder außerhalb der Ehe. Manchmal
kommt es vor, dass Menschen nächtelang wachliegen und davon träumen, dieses Gebot auf verschiedene Weise zu brechen, während sie trotzdem körperlich – aber eben nur körperlich – rein
oder treu bleiben.

Das Anschauen von Pornografie, der Besuch
von Strip-Lokalen und das Fantasieren über Lie-

besromane führen vielleicht nicht zu einem körperlich begangenen Ehebruch, doch es füttert das egoistische und ehebrecherische Herz in uns. Für Gott ist es zu wenig, wenn wir das Gebot körperlich halten, während wir es in unseren Gedanken brechen. (Ich wette, dein Ehepartner wäre auch nicht so froh darüber!)

Versteh mich nicht falsch. Sex ist nichts Schlechtes – es ist sogar etwas Wundervolles. Es ist der Missbrauch von Sex, den Gott verurteilt. Die erste Anweisung, die Gott Adam und Eva gab, hatte im Grunde mit Sex zu tun. Als er ihnen sagte: »Seid fruchtbar und mehrt euch«, bezog er sich nicht auf Gartenbau oder Tierzucht. Und als Adam und Eva begeistert ihren Teil dazu beitrugen, dieser Anweisung zu folgen, sagte Gott nicht erschrocken: »*Das* hab ich nicht gemeint!«

Gottes Gebote sind uns in Liebe gegeben. Er gibt uns seine Gebote über sexuelle Treue nicht, um uns unser Vergnügen zu rauben, sondern vielmehr deshalb, um uns ein Leben mit Intimität und reinem Gewissen, mit einem lebenslangen Ehepartner zu schenken. Heutzutage leiden viele Menschen an tiefen emotionalen Schmerzen. Kannst du dir irgendetwas vorstellen, das mehr Schmerz und Verletzungen verursacht hat als die Missachtung von Gottes Geboten über Sexualität?

8. »Du sollst nicht stehlen.«

Wir dürfen nicht irgendetwas nehmen, das einer anderen Person gehört. Dabei macht es nichts aus, ob wir etwas Teures nehmen oder etwas von geringem Wert. Es macht nichts aus, ob wir von Reichen stehlen, die »es nicht einmal merken«, oder von den Armen, die sich nicht wehren können. Dieses Gebot beinhaltet auch das Betrügen bei einer Prüfung und Steuerhinterziehung. Wir dürfen niemals nehmen, was einem anderen gehört.

9. »Du sollst kein falsches Zeugnis reden gegen deinen Nächsten!«

Gott ist ehrlich, und wir sollen es auch sein. Uns ist es verboten, über jemanden Lügen zu verbreiten oder jemanden anzulügen. Dieses Gebot verbietet Gerüchte und Lästern über andere Menschen. Unser Wort soll wahr sein – unter allen Umständen!

10. »Du sollst nicht begehren das Haus deines Nächsten! Du sollst nicht begehren die Frau deines Nächsten, noch seinen Knecht, noch seine Magd, noch sein Rind, noch seinen Esel, noch irgendetwas, das dein Nächster hat!«

Während nichts falsch daran ist, hart zu arbeiten, um etwas zu bekommen, das wir wollen, verbietet uns dieses Gebot, etwas unbedingt zu wollen (zu begehren), das rechtmäßig nicht uns gehört. Dieses Gebot betrifft die Motive in unserem Herzen und verlangt von uns, zufrieden zu sein mit dem, was wir haben. Das ist hart in unserer materialistischen Welt, in der wir täglich mit Werbung für Dinge bombardiert werden, von denen uns gesagt wird, dass wir sie brauchen, um wirklich glücklich zu sein.

Dieses Gebot geht über das Begehren von materialistischem Besitz hinaus. Es beinhaltet, dass wir zufrieden sein sollen mit unserem Aussehen, unserer Intelligenz, unserem Erbe, unseren Körpermaßen usw. Warst du jemals eifersüchtig auf das Aussehen oder die Intelligenz eines anderen? Dann hast du dieses Gebot gebrochen.

GROSSE SCHWIERIGKEITEN

Wenn dies der Maßstab ist, nach dem Gott die Menschheit richten wird, dann reicht ein Blick auf diese Liste, der mir sagt, dass ich in Schwierigkeiten bin – in großen Schwierigkeiten! Denn ich habe alle diese Gebote gebrochen!

Wenn dies das Ende der Geschichte wäre, müssten wir schlussfolgern, dass es nicht viel Hoffnung gibt, dass wir es jemals in den Himmel schaffen können. Um von Gott angenommen zu werden, beschäftigen sich manche verzweifelt mit Religion, versuchen es mit Philosophie oder leben asketisch. Andere hoffen, dass sie gerettet werden, wenn sie genug Gutes tun, um das Schlechte auszugleichen, das sie getan haben. Ich habe früher gedacht, dass Gott nicht *jeden* in die Hölle schicken kann und dass es reicht, wenn ich zu den besseren 10 oder 20 Prozent der Menschheit gehöre. Ich meinte damals, dass ich dann eine ziemlich gute Chance hätte, in den Himmel zu kommen.

Natürlich lassen alle diese Ansätze einen entscheidenden Punkt außer Acht: Unser moralisches Problem vor Gott betrifft nicht nur die Taten, die wir begangen haben. Es geht tiefer, denn wir sind bis in unser innerstes Wesen hinein egoistisch. Und die Lösung dieses Problems ist viel großartiger, als du und ich uns das jemals selbst ausdenken könnten. Daher ist es jetzt an der Zeit, weiterzugehen – zu der vierten Frage. Es könnte die wichtigste von allen sein.

4 WAR JESUS NICHT NUR EIN BEDEUTENDER LEHRER?

Oft frage ich mich, was die Menschen wirklich meinen, wenn sie diese Frage stellen.

Meinen sie, dass Jesus eine kräftige, überzeugende Stimme hatte, die Menschen dazu bewegt hat, etwas zu unternehmen? Meinen sie, dass er eine gute Körpersprache hatte und eine anziehende Ausstrahlung? Meinen sie, dass er faszinierende Geschichten benutzte, um gewöhnlichen Menschen zu helfen, außergewöhnliche geistliche Aussagen zu verstehen?

Da wir keine Video-Aufzeichnung von Jesu Reden haben, werden wir es nie herausfinden.

In Wirklichkeit ist es jedoch so, dass Jesus nicht nur wegen seiner Art zu reden ein großartiger Lehrer war. Er war auch ein bedeutender Lehrer wegen seiner *Botschaft*! Und worüber lehrte dieser bedeutende Lehrer, was war sein Hauptthema? Er lehrte über sich selbst!

Viele Menschen denken, dass Jesus einfach gelehrt hat, nett und liebevoll zu sein – sich um die Unglücklichen zu kümmern und seinem Feind die andere Wange hinzuhalten. Ja, er lehrte diese Dinge auf eindrückliche Weise. Aber der Kern seiner Lehre war kein Glaubensbekenntnis, keine neue Einstellung und keine neuen Gebote. Der Kern seiner Lehre war, wer er ist und wozu er gekommen ist.

Viele berühmte religiöse Lehrer haben gelehrt, was sie als geistige Wahrheit ansahen. Doch sie selbst waren nicht die zentrale Botschaft.

Zum Beispiel könnte man Mohammed aus dem Islam herausnehmen, und der Islam (übersetzt so viel wie »völlige Hingabe an Gott«) würde immer noch existieren. Man kann Buddha aus dem Buddhismus nehmen, und der Buddhismus (mit seiner Lehre von der Erleuchtung) würde immer noch existieren. Man könnte Konfuzius aus dem Konfuzianismus nehmen und immer noch … konfus sein!

Doch wenn man Jesus Christus aus dem Christentum nehmen würde, würde nichts mehr übrig bleiben. Weil er – er allein – es ist, um den sich alles im Christentum dreht.

Wenn du behauptest, dass Jesus ein bedeutender Lehrer war, musst du daher ernsthaft und genau überlegen, was er über sich selbst und seinen Auftrag gelehrt hat.

WAS ER ÜBER SICH BEHAUPTET

Wer, glaubst du, war Jesus? War er nur ein guter Mensch, oder war er mehr als das? Denke bitte gut über folgende Behauptungen nach, die Jesus über seine eigene Identität aufstellte:

»Ich bin das Brot des Lebens. Wer zu mir kommt, den wird nicht hungern, und wer an mich glaubt, den wird niemals dürsten« (Johannes 6,35). Willst du etwas von dem wirklichen Leben schmecken? Du findest es in Jesus.

»Ich bin das Licht der Welt. Wer mir nachfolgt, wird nicht in der Finsternis wandeln, sondern er wird das Licht des Lebens haben« (Johannes 8,12). Kommst du dir manchmal so vor, als ob du im Leben versuchst, durch einen dunklen Raum zu laufen – ohne zu sehen oder zu wissen, was dir im Weg steht? Jesus sagt, dass er »das Licht einschalten wird«, wenn du ihm folgst.

»Ich bin die Tür. Wenn jemand durch mich hineingeht, wird er gerettet werden« (Johannes 10,9). Fragst du dich manchmal, wie man in den Himmel kommt? Jesus sagt, er sei die Tür. Nicht seine Lehre, nicht sein Vorbild, nicht eine Organisation – sondern *Jesus selbst*. Um in den Himmel zu kommen, musst du durch Jesus eintreten.

»Ich bin der gute Hirte; der gute Hirte lässt sein Leben für die Schafe … Ich … kenne die Meinen und bin den Meinen bekannt« (Johannes 10,11 und 14). Wünschst du dir manchmal jemanden, der dir durchs Leben hilft und der weiser und stärker ist als du selbst? Jesus ist der Hirte deiner Seele. Aber er hütet dich nicht nur, sondern er bewies dir seine Liebe, indem er sein Leben für dich opferte.

»Ich bin die Auferstehung und das Leben. Wer an mich glaubt, wird leben, auch wenn er stirbt; und

*jeder, der lebt und an mich glaubt, wird in Ewig-
keit nicht sterben*« (Johannes 11,25-26). Fragst du
dich manchmal, was nach deinem Tod mit dir geschehen wird? Jesus lehrt, dass jeder für immer
weiterexistieren wird, nachdem er stirbt – entweder im Himmel bei Gott oder in der Hölle fern
von Gott. Er verspricht denen, die wirklich an ihn
glauben, dass sie wiederauferstehen werden zum
ewigen Leben im Himmel.

»*Ich bin der Weinstock, ihr seid die Reben. Wer
in mir bleibt und ich in ihm, der bringt viel Frucht;
denn getrennt von mir könnt ihr nichts tun*« (Johannes 15,5). Hast du jemals einen Ast gesehen, der
von einem Baum abgebrochen worden ist? Zuerst
sieht er noch gesund und frisch aus. Aber wenn
die Zeit vergeht, wird er zerbrechlich, hart und
tot – offensichtlich abgetrennt von seiner Lebens-
quelle. Fühlst du dich manchmal so, als ob du
von der Quelle des wirklichen Lebens abgetrennt
bist und deine Seele langsam austrocknet? Jesus
behauptet, dass wir eng mit ihm verbunden sein
müssen, wenn wir wahres Leben und Nahrung für
unsere Seelen empfangen wollen.

»*Ich bin der Weg und die Wahrheit und das
Leben; niemand kommt zum Vater als nur durch
mich!*« (Johannes 14,6). Verschiedene Menschen
glauben, dass es verschiedene Wege zu Gott gibt:
Manche denken, dass sie zu Gott kommen, wenn
sie einer bestimmten Religion folgen – andere
meinen, sie können zu Gott kommen, wenn sie

an einer bestimmten Philosophie festhalten oder wenn sie Gutes tun. Doch Jesus sagte keines dieser Dinge. Jesus behauptete, dass er selbst – als Person – der einzige Weg zu Gott ist.

Dies sind nicht nur »Binsenweisheiten«, dass wir brav sein sollen – dies sind wirklich außergewöhnliche Behauptungen! Wer sonst hat sich in der gesamten Weltgeschichte getraut, solche Dinge über sich zu sagen? Andere religiöse Führer haben vielleicht behauptet, Propheten oder Lehrer zu sein, die gesandt wurden, um uns zu zeigen, wie wir leben sollen. Doch nur Jesus behauptete, der einzige Sohn Gottes zu sein, der allein unsere Sünden vergeben und uns wahres Leben geben kann, für jetzt und für alle Ewigkeit!

LOGISCHE SCHLUSSFOLGERUNGEN

Wegen der erstaunlichen Dinge, die Jesus über sich selbst gelehrt hat, kommt es eigentlich nicht infrage, dass man einfach glaubt, dass er nur ein guter Lehrer war. Entweder war er verrückt oder ein teuflischer Lügner oder die egozentrischste und arroganteste Person, die jemals auf dieser Erde lebte – oder aber er sagte die Wahrheit und war genau das, was er zu sein behauptete.

Der berühmte Schriftsteller und frühere Agnostiker C. S. Lewis schreibt in seinem Buch *Pardon, ich bin Christ*:

> *… Damit versuche ich, jedermann vor dem wirk-*

lich läppischen Einwand zu bewahren, er sei zwar bereit, Jesus als großen Morallehrer anzuerkennen, aber nicht seinen Anspruch, Gott zu sein. Gerade das können wir nicht sagen. Ein Mensch, der solche Dinge wie Jesus sagt, wäre kein großer Morallehrer. Er wäre entweder ein Irrer – oder der Satan in Person. Wir müssen uns deshalb entscheiden: Entweder war dieser Mensch Gottes Sohn, oder er war ein Narr oder Schlimmeres. (C. S. Lewis, Pardon, ich bin Christ, Brunnen Verlag Basel, 1. Taschenbuchauflage April 1982, S. 48)

HAST DU BEWEISE?

Jesus stellte außergewöhnliche Behauptungen auf, und es ist nur fair zu erwarten, dass außergewöhnliche Behauptungen auch durch außergewöhnliche Beweise belegt werden. Gibt es Beweise, welche die Behauptungen Jesu stützen? Ja, absolut!

DER BEWEIS DER ERFÜLLTEN PROPHETIE

Zum Beispiel haben jüdische Propheten Jahrhunderte vor Christus vorausgesagt, dass ein Messias kommen wird – ein Messias, der die Hoffnung der Welt sein wird, der Gerechtigkeit und Friede wiederherstellen und alle Völker der Erde mit Gott versöhnen wird.

Diese Propheten haben sehr viele Einzelheiten über den Messias vorhergesagt. Sie haben seine

Abstammung vorhergesagt, die Umstände seiner Geburt – und sogar, wie andere auf ihn reagieren würden. Erstaunlicherweise sind bei Jesus *alle* ihre Prophezeiungen eingetroffen!

Es war wirklich ein Wunder, dass sich diese ganzen Prophetien erfüllt haben! Dr. Peter Stoner greift in seinem Buch *Science Speaks* acht der vielen Prophetien heraus und berechnete die mathematische Wahrscheinlichkeit, dass ein Mensch auch nur diese acht Prophetien zufällig erfüllen würde. Stoner wählte nicht nebulöse oder umstrittene Prophetien aus, um die Wahrscheinlichkeit zu berechnen. Sondern er wählte bewusst Prophetien aus, die klar verständlich sind, die nicht umstritten sind und die von den meisten Menschen als erfüllt angesehen werden. Damit hilft er uns zu verstehen, wie überwältigend dieses Wunder ist.

Hier sind die acht Prophetien:

1. Er wird in Bethlehem geboren (Micha 5,1).
2. Ein Bote wird ihm vorausgehen (Jesaja 40,3).
3. Er wird auf einem Esel nach Jerusalem kommen (Sacharja 9,9).
4. Er wird für 30 Silberstücke verkauft werden (Sacharja 11,12).
5. Das Geld für seinen Verrat wird in das Haus des Herrn geworfen werden und dann benutzt werden, um ein Feld von einem Töpfer zu kaufen (Sacharja 11,13).
6. Er wird still vor seinen Anklägern sein (Jesaja 53,7).

7. Seine Hände und Füße werden durchbohrt (Psalm 22,17).
8. Er wird mit Räubern gekreuzigt werden (Jesaja 53,12).

Als Erstes berechnete Dr. Stoner die Wahrscheinlichkeit von jeder einzelnen Prophetie, dass sie per Zufall erfüllt würde, und dann multiplizierte er sie, um die Wahrscheinlichkeit zu finden, dass irgendeine Person alle acht zufällig erfüllen würde. Und wie hoch ist diese Wahrscheinlichkeit? 1 zu 1 Trillion! Das ist $1:10^{18}$!

Wie kann man eine so große Zahl begreifen? Stoner veranschaulicht sie, indem er berechnet, wie groß ein Gebiet wäre, dessen Boden man mit 10^{18} Dollar-Münzen bedecken kann.

Und wie groß, glaubst du, wäre dieses Gebiet? Gut, es ist größer als der Raum, in dem du sitzt – und größer als irgendein Haus oder Gebäude, indem du dich vielleicht befindest. Es ist größer als die Stadt oder der Bezirk, in dem du dich befindest – tatsächlich ist es vielleicht sogar größer als das Land, in dem du gerade bist. Die Anzahl der Dollar-Münzen ist so groß, dass sie tatsächlich *den ganzen Staat Texas bedecken würden – 60 cm hoch!*

Denk mal darüber nach! Die Wahrscheinlichkeit, dass eine Person aus Zufall auch nur acht der Prophetien erfüllen würde, die Jesus erfüllt hat, ist dieselbe wie die Wahrscheinlichkeit, dass du durch diese knietiefe Schicht aus Dollar-Münzen watest, die den gesamten Staat Texas bedeckt, und durch Zufall beim ersten Versuch die eine richtige Dollar-Münze herauspickst! Nun, Texas ist ein großer Staat (Anmerkung des Übersetzers: Texas ist ungefähr doppelt so groß wie Deutschland), und dann genau die richtige Dollar-Münze auf Anhieb zu finden – nun, das ist wohl praktisch unmöglich! Ich würde bei dieser Wahrscheinlichkeit bestimmt nicht meine Seele darauf wetten!

DER BEWEIS DER WUNDER

Zusätzlich zu den Prophetien über den versprochenen Messias gab Jesus durch die Wunder, die er tat, außergewöhnliche Beweise dafür, wer er ist. Kein anderer religiöser Führer hat jemals solche Dinge getan, die Jesus tat. In der Öffentlichkeit, damit jeder es sehen konnte …

… befähigte er die Lahmen zu gehen, die Blinden zu sehen, die Tauben zu hören und die Stummen zu reden.

… erweckte er Tote zum Leben – sogar einen Mann, der schon seit vier Tagen begraben war.

… verwandelte er Wasser in Wein.

… versorgte er Tausende Menschen mit nur ein paar Fischen und einigen Broten.

… stillte er einen heftigen Sturm mit nur einem Wort.

Diese Wunder waren nicht nur Legenden oder Mythen. Augenzeugen hielten sie in Berichten fest – und nannten Einzelheiten zu Namen, Zeiten und Orten. Die Berichte waren historisch genau und sind als Beweis gegeben, um die Behauptungen von Jesus Christus zu stützen.

EIN WEITERER BEWEIS: DIE ART, WIE ER STARB

Ein weiterer Beweis, der die Behauptungen Jesu Christi stützt, ist die Art, wie er starb. Jesus war überzeugt von dem, was er sagte, und er hat das mit dem Leben bezahlt. Die meisten anderen großen religiösen Führer starben einfach in hohem Alter, an Krankheit oder Altersschwäche. Jesus wurde im Alter von 33 Jahren umgebracht, als direkte Folge dessen, was er lehrte.

Tatsächlich war Jesus einer der wenigen Menschen in der Geschichte, die vor Gericht aufgrund dessen angeklagt und hingerichtet wurden, was sie über sich behaupteten. Er behauptete, dass er der Messias sei, der Sohn des lebendigen Gottes. Doch die religiösen Führer seiner Zeit weigerten sich einfach, das zu akzeptieren. Schließlich verurteilten sie Jesus wegen Gotteslästerung, weil er – ihrer Meinung nach, als gewöhnlicher Mensch – sich selbst zu Gott machte.

Jesus hätte seiner grausamen Hinrichtung einfach entgehen können. Er hätte sagen können, dass er eigentlich nicht behauptet hatte, der Sohn Gottes zu sein. Er hätte dann den religiösen Führern erklären können, was er eigentlich gemeint hatte. Aber das tat er nicht. Er wusste genau, wer er war. Und die religiösen Führer verstanden genau, was er von sich behauptete. Jesus versuchte nicht, seine Behauptungen über seine Identität zu leugnen – sogar, als er wusste, dass sie ihm das Leben kosten würden.

DER LETZTE BEWEIS:
SEINE AUFERSTEHUNG

Der letzte außergewöhnliche Beweis, den Jesus uns gibt, betrifft seine leibliche Auferstehung von den Toten. Hier sind drei Tatsachen:

1. Jesus lebte.
2. Er starb.
3. Er wurde begraben.

Und dann gibt es eine vierte Tatsache, die den Lauf der Geschichte verändert hat. Drei Tage nachdem er begraben wurde, *war sein Grab leer!* Sein Körper war verschwunden!

Die nächsten vierzig Tage lang bezeugten Hunderte von Menschen, dass sie Jesus wieder lebend gesehen hatten. Sie sprachen mit ihm, aßen mit ihm und berührten ihn. Er erschien mindestens zehn verschiedene Male. Er erschien einzelnen Menschen und sowohl kleinen als auch großen Gruppen (von über 500 Personen). Er erschien

Menschen, die in einem Haus versammelt waren, und Menschen, die im Freien waren. Er erschien Menschen, die anfangs sehr skeptisch gegenüber den Auferstehungsberichten waren. Danach waren sie überzeugt und verkündeten überall, was passiert ist.

Thomas, einer der zwölf Jünger Jesu, war einer dieser Skeptiker. Seine ganze Welt zerbrach, als Jesus gekreuzigt wurde. Seine Hoffnungen und Träume zerbrachen, und er wollte zu seinem alten Leben zurückkehren und versuchen, das zurückzubekommen, was er aufgegeben hatte, als er sich entschied, Jesus nachzufolgen.

Als er Berichte über die Auferstehung hörte, verhärtete er sein Herz und sagte fest entschlossen: »Wenn ich nicht an seinen Händen das Nägelmal sehe und meinen Finger in das Nägelmal lege und meine Hand in seine Seite lege, so werde ich es niemals glauben!« (Johannes 20,25).

Acht Tage später wurde sein Wunsch erfüllt. Die Jünger waren versammelt, die Türen waren verschlossen, und Jesus stand plötzlich in ihrer Mitte. Er schaute Thomas in die Augen und sagte: »Reiche deinen Finger her und sieh meine Hände, und reiche deine Hand her und lege sie in meine Seite, und sei nicht ungläubig, sondern gläubig!« Thomas antwortete: »Mein Herr und mein Gott!« (Johannes 20,26-28). Du kannst darauf wetten, dass der »ungläubige Thomas« danach nicht noch einmal gezweifelt hat!

Verstehst du die Wichtigkeit hiervon? In der Bibel steht, dass Jesus wirklich, leiblich von den Toten auferstanden ist! Hier ist nicht die Rede von einer »geistigen Auferstehung« oder von der Vorstellung, dass Jesus »heute noch mit uns lebt«, obwohl sie ihn getötet hatten. Sondern der wirkliche Körper, der gekreuzigt und begraben wurde, war nun wieder lebendig.

Doch woher können wir wissen, ob es wirklich geschehen ist? Wir wissen es auf dieselbe Weise, wie wir jedes andere Ereignis der Geschichte wissen – durch glaubwürdige Augenzeugen, die sich dazu bereit erklären, in einem Kreuzverhör auszusagen. Genauso wie ein Geschworener nach einem eingehenden Kreuzverhör von der Aussage eines Augenzeugen überzeugt ist, so gibt uns auch das Neue Testament zahlreiche fesselnde Augenzeugenberichte über die Auferstehung Jesu.

Doch das Kreuzverhör seiner Anhänger war nicht so einfach, wie es wäre, wenn man einem geschickten Anwalt im Gerichtssaal gegenüberstehen würde. Ihr Kreuzverhör bestand in der Forderung: »Hört auf, über die Auferstehung zu reden, oder euer Eigentum wird beschlagnahmt, ihr werdet geschlagen, gefangen genommen und schließlich zu Tode gefoltert.«

Das ist genau das, was dann auch passiert ist. Von den Jüngern, welche die ersten Zeugen der Auferstehung waren, ließen sich fast alle auf schreckliche und grausame Weise lieber umbringen, als ihre Aussagen über die Auferstehung zu verändern. Nur einer der Jünger (Johannes) starb nicht als Märtyrer, sondern wurde bis zu seinem natürlichen Tod auf eine abgelegene Insel verbannt.

Lass die Bedeutung dieser Tatsachen nicht unbeachtet. Diese Zeugen – Menschen, die für ihre Ehrlichkeit und Aufrichtigkeit bekannt sind – standen unter den schwierigsten Bedingungen im Kreuzverhör, und nicht einer von ihnen änderte je seine Aussage.

Es sind genug Menschen durch die Geschichte hindurch für eine Lüge gestorben, aber wie viele Menschen kennst du, die freiwillig für eine Lüge starben, von der sie *wussten*, dass es eine Lüge war? Als die Jünger Jesu Folter und Tod gegenüberstanden, änderte keiner von ihnen seine Aussage, indem er zugestand: »Gut, vielleicht haben wir nur eine Vision gesehen«, oder: »Ich bin mir nicht wirklich sicher, ob es Jesus war«, oder: »Eigentlich haben wir uns das alles ausgedacht.« Jeder Einzelne von ihnen blieb seinem Augenzeugenbericht treu, solange er noch atmen konnte.

Wenn du ehrlich bist, musst du zugeben, dass es genug Beweise gibt, um ein Gericht davon zu überzeugen, dass Jesus wirklich von den Toten auferstanden ist. Mir ist klar, dass das schwer zu glauben ist. Mir ist klar, dass Tote normalerweise nicht wiederauferstehen. Mir ist klar, dass du noch nie vorher *gesehen* hast, wie jemand von den Toten auferstanden ist. Und trotzdem sind die *Beweise* überzeugend, dass Jesus von den Toten auferstanden ist. Ich persönlich glaube das!

Und ich bin nicht der Einzige, der davon überzeugt ist. Die Welt wurde verändert, weil Jesus auf die Erde gekommen ist, gelebt hat, gestorben ist und von den Toten auferstanden ist. Sonst wäre die Welt ganz anders. Es haben mehr Menschen an ihn geglaubt und es sind ihm mehr Menschen gefolgt als irgendeinem anderen Führer, der je gelebt hat. Ganze Nationen und Kulturen haben sich auf der Grundlage seiner Lehren entwickelt. Das Leben von Einzelnen, von Gruppen und sogar von ganzen Völkern wurde seinetwegen radikal verändert. Er ragt heraus als der Mensch, der als einzelne Person den größten Einfluss aller Zeiten hatte. Eigentlich könnte man sagen, dass die ganze Weltgeschichte sich um ihn dreht.

Die folgenden Zeilen versuchen das Leben und die Auswirkungen von Jesus Christus festzuhalten:

Hier ist ein junger Mann, der in einem unbekanntem Dorf geboren wurde, das Kind einer einfachen Frau. Er arbeitete als Zimmermann, bis er 30 war, und dann war er für drei Jahre Wanderprediger. Er schrieb nie ein Buch. Er bekleidete nie ein Amt. Er besaß nie ein Haus. Er hatte nie eine Familie. Er ging nie auf eine Hochschule. Er reiste nie mehr als 300 Kilometer von dem Ort weg, an dem er geboren wurde. Er tat nie eines von jenen Dingen, die normalerweise zu einer großartigen

Person gehören. Er hatte keine Empfehlungsschreiben – außer sich selbst.

Als er ein junger Mann war, wandte sich die öffentliche Meinung gegen ihn. Seine Freunde verließen ihn. Er wurde seinen Feinden übergeben. Er ging durch den Spott einer Schauverhandlung. Er wurde zwischen zwei Räubern an ein Kreuz genagelt. Während er starb, spielten seine Henker um den einzigen Besitz, den er auf der Erde hatte – seine Kleidung. Als er tot war, wurde er in ein Grab gelegt, das ihm nicht gehörte, weil ein Freund Mitleid mit ihm hatte und es zur Verfügung stellte. Zwanzig Jahrhunderte sind vorübergezogen, und heute ist er die zentrale Figur der Menschheit.

Ich übertreibe nicht, wenn ich sage, dass alle Armeen, die je marschiert sind, und alle Marine-Einheiten, die je gesegelt sind, und alle Parlamente, die sich je zusammengesetzt haben, und alle Könige, die je regiert haben, diese alle zusammen das Leben der Menschen auf der Erde nicht so beeinflusst haben wie dieses eine einzelne Leben.

Anonym

NUR EIN GUTER LEHRER?

Obwohl es niemals einen Lehrer gegeben hat, der nur annähernd so war wie Jesus, war er viel mehr als *nur* ein Lehrer. Jesus ist der Herr und Retter, der die Lösung für unser größtes Problem ist. Er selbst ist die Erfüllung der geistlichen und emotionalen Bedürfnisse, die wir haben, und unserer Sehnsucht nach Beziehungen. Denn er ist gekommen, um uns zurück in eine Beziehung mit Gott zu bringen.

Eine Beziehung mit Gott – ist das möglich? Wie würde das aussehen? Mit dieser Frage werden wir uns im nächsten Kapitel beschäftigen.

5 IST ES NICHT LANGWEILIG UND EINENGEND, CHRIST ZU SEIN?

Nun kommen wir zu dem Punkt, der im Denken von vielen Menschen das eigentliche Hindernis ist. Häufig gehe ich mit Leuten die ersten vier Fragen durch, und dann sagen sie so etwas wie dies hier:

»Okay, ich glaube dir, dass es Gott gibt. Und die Bibel scheint ein ziemlich erstaunliches Buch zu sein. Ich gebe zu, dass ich einige schlechte Dinge in meinem Leben getan habe, und ich verstehe, dass Jesus für diese Sünden gestorben ist. Vielleicht werde ich eines Tages religiös ... aber jetzt jedenfalls noch nicht. Hey, ich bin jung und hab noch mein ganzes Leben vor mir! Es wäre wirklich langweilig und einengend, jetzt Christ zu werden.«

So stellt man sich das Leben als Christ vor. Ich habe Menschen getroffen, die denken: Wenn du Christ wirst, darfst du die zehn Sachen, die du am liebsten tust, nicht mehr machen. Außerdem musst du von jetzt an die ganze Zeit die zehn Sachen tun, die du am wenigsten magst.

Ein junger Mann von der Ohio State University erzählte mir: »Ich habe dieses Christen-Zeug ausprobiert, als ich in eine Jugendgruppe ging. Sehen wir den Tatsachen ins Auge: Ihr seid total langweilig.« Im Gegensatz dazu, so erzählte er mir, »hängt er herum« oder »macht irgendwas«, um wirklich Spaß zu haben. (Hört sich nach einem ziemlich interessanten und spannenden Leben an, oder?)

WER WILL SCHON GELANGWEILT SEIN?

Niemand will gelangweilt sein. Viele geben jedes Jahr Milliarden Euro aus, um die gefürchtete Langeweile zu vermeiden. Sie schauen sich die neuesten Filme mit den coolsten Spezial-Effekten an, damit sie lachen können oder sich gruseln oder geschockt werden – oder alles zusammen. Sie kaufen die neueste CD oder DVD. Sie besuchen Konzerte und Sportveranstaltungen. Und wenn gerade nichts von diesen Dingen läuft, schauen sie sich eines von 200 Fernsehprogrammen auf ihrem großen Flachbildschirm mit Dolby Surround Sound an. Heute geht das große Geld an die Leute, die Menschen zum Lachen, Weinen oder Staunen bringen.

Versteh mich nicht falsch! Ich sage nicht, dass diese Dinge grundsätzlich schlecht oder falsch sind. Aber es gibt einen Grund, warum diese Arten von Unterhaltung so erfolgreich sind – wir sind *wirklich* gelangweilt!

Viele von uns sind in ihrer Arbeit gelangweilt. Unsere Arbeit ist schon seit Jahren nicht mehr aufregend oder bedeutungsvoll. Wir halten den täglichen Trott aus, weil wir Geld nach Hause bringen müssen.

Andere sind gelangweilt in ihren familiären Beziehungen. Irgendwie sind sie kalt und fad geworden. Die Menschen, die eigentlich unsere intimsten Freunde sein sollten, werden einfach Fremde, mit denen wir die Wohnung teilen.

Leider versuchen die meisten Menschen auf die falsche Weise mit Langeweile klarzukommen. Oft frage ich Leute: »Was ist das Gegenteil von Langeweile?« Die übliche Antwort ist: »Spaß haben«. Die Menschen versuchen, die Langeweile zu überspielen, indem sie ihr Leben mit Spaß füllen. Gelangweilte Menschen nutzen oft Drogen, Alkohol oder Sex, um die Leere in ihrem Leben zu füllen. Etwas, das als »Spaß« begonnen hat, gibt einer Person am Ende oft das Gefühl, noch einsamer und noch leerer zu sein als davor.

DIE LANGEWEILE BESIEGEN

Es gibt ein besseres Mittel gegen Langeweile. Ich denke, das Gegenteil von Langeweile ist nicht Spaß, sondern *Erfüllung* – das Wissen, dass dein Leben einen Sinn und Bedeutung hat.

Hat *dein* Leben einen Sinn und Bedeutung? Weißt *du*, warum du auf der Erde bist? Verfolgst *du* einen Sinn und Zweck in deinem Leben, der würdig ist für einen Menschen, der nach Gottes Bild geschaffen ist – oder sind deine höchsten Ziele nicht mehr von Bedeutung als jene von Tieren (Überleben, Vergnügen und Fortpflanzung)?

Die Bibel behauptet, dass Gott mit jedem Menschen etwas vorhat und den Sinn des Lebens kennt: »Denn ich weiß, was für Gedanken ich über euch habe, spricht der Herr, Gedanken des Friedens und nicht des Unheils, um euch eine Zukunft und eine Hoffnung zu geben« (Jeremia 29,11).

Wenn du die Langeweile überwinden willst, fällt mir kein besserer Weg ein, als Gottes Weg für dein Leben zu entdecken. Wenn du dann weißt, warum der Allmächtige dich hier auf die Erde gestellt hat, beginnt deine ewige Bestimmung klar zu werden. Und wenn das geschieht, dann hat jeder Tag etwas, auf das man sich freuen kann. Dein Ziel ist dann vielleicht nicht mehr, Spaß zu haben, aber du wirst gereift sein, um die Bedeutung in jedem Tag zu erkennen. Du wirst ein erfüllter Mensch werden.

DIE GRENZEN VON SPASS

Millionen von Menschen haben diese Erfüllung in einer Beziehung mit Gott erlebt. Die Leute haben früher von mir gesagt, dass ich die Stimmungskanone jeder Party bin, und ich kann dir echt sagen, dass ich viel Spaß hatte! Trotzdem erinnere ich mich daran, dass ich von vielen Partys heimkam und mich leer gefühlt habe. Ich lag wach im Bett und fühlte, dass es da mehr im Leben geben muss, als nur Spaß zu haben.

Ich beteiligte mich sogar an sozialen Aktionen und philosophischem Austausch, doch ich habe nie anhaltende Erfüllung gefunden, bis ich Gott fand. Ich erlebte, was Blaise Pascal so ausdrückte: »Im Herzen eines jeden Menschen befindet sich ein von Gott geschaffenes Vakuum, das durch nichts Erschaffenes erfüllt werden kann als allein durch Gott, den Schöpfer, so wie er sich in Christus offenbart.«

Es gibt natürlich einen Grund, warum es manchmal so aussieht, als ob Christen das Leben nicht genießen dürfen. Gott verbietet so viele Dinge, die scheinbar Spaß machen. Die Bibel gibt offen zu, dass Sünde ein »vergänglicher Genuss« ist (Hebräer 11,25). Aber viele dieser »vergänglichen Genüsse« fordern einen hohen Preis. Gottes Plan für uns beinhaltet wahre und dauerhafte Freude – ohne die Konsequenzen, die daraus entstehen, wenn wir unser Leben mit sündhaften Dingen füllen, deren Genuss von sehr kurzer Dauer ist.

Das führt uns zur zweiten Hälfte unserer Frage: »Ist es nicht einengend, Christ zu sein?« Eigentlich beinhaltet diese Äußerung ein ganzes Stück Wahrheit. Ich muss zugeben, dass in gewisser Hinsicht das Leben als Christ begrenzt ist. Für echte Christen gibt es bestimmte Dinge, die Gott uns verbietet – Dinge, in denen er uns begrenzt.

Der Grund, warum Gott uns verschiedene Dinge verbietet, ist seine tiefe und echte Liebe zu uns. Genauso, wie gute Eltern ihren Kindern nicht erlauben, gefährliche Dinge zu tun, hat auch Gott seine Gebote zu unserem Schutz gegeben.

Zum Beispiel bereitet sein Verbot von Hass den Weg, auf dem wir mit echter Liebe zu anderen erfüllt werden. Sein Verbot von Promiskuität (Geschlechtsverkehr mit häufig wechselnden Partnern) hilft uns, dass wir eines Tages eine wunderbare intime Beziehung mit unserem Ehepartner haben können. Sein Verbot, sich total zu betrinken, beschützt uns davor, Dinge zu tun, die wir wirklich bereuen würden, wenn wir wieder nüchtern sind. Wie wir schon vorher gesehen haben, hat Gott einen Plan für unser Leben – eine ewige Bestimmung für jeden für uns – und das Letzte, was er für uns will, ist, dass wir unser Leben einfach vergeuden.

LEITPLANKEN FÜR DEIN BESTES

Ich denke, hier ist eine Illustration angebracht. Als ich im Süden von Kalifornien lebte, bin ich mit meiner Familie gelegentlich in die Berge gefahren. Die Straßen wanden sich an sehr steilen Abhängen entlang. Wenn ich nach links schaute, sah ich, dass wir noch einen langen Weg vor uns hatten, um nach oben zu kommen. Wenn ich nach rechts hinunter in die Schlucht schaute, sah ich, dass wir schon einen langen Weg hinter uns hatten. Die ganze Zeit hielt ich das Lenkrad fest umklammert, da ich wusste, dass wir mit unserem Leben bezahlen würden, wenn unser Van von dieser schmalen Bergstraße abkommen und in die Schlucht stürzen würde.

Doch diese steile Bergstraße war trotzdem sicher – durch Leitplanken! Sie waren dort zu unserem Schutz angebracht, um uns auf der Straße zu halten, um uns vor dem sicheren Tod zu retten, wenn wir vom Weg abkommen würden. Sie stellten sicher, dass wir gut am Ziel ankommen würden.

Gottes Gebote sind wie diese Leitplanken. Ihre »Einengung« ist zu unserem Schutz. Auf unserer Reise durchs Leben halten sie uns davon ab, in den Abgrund zu stürzen. Wenn wir die Dinge auf die richtige Weise sehen, können wir zutiefst dankbar sein, dass Gott uns diese Leitplanken gegeben hat. Sie dienen zu unserem Besten. Sie sind in Liebe gegeben. Sie helfen uns, unser Ziel zu erreichen und unsere Lebensbestimmung zu erfüllen.

Leider kennen viele von uns Menschen, die über die Leitplanken des Lebens gesprungen sind – und uns drängen, dasselbe zu tun. Wenn man in freiem Fall in eine Schlucht stürzt, scheint das gar nicht so schlecht zu sein. Es klingt viel aufregender als die extremste Achterbahn! Aber eines Tages werden sie auf dem Boden aufschlagen und sind am Ende. Sie werden die Konsequenzen ihrer Entscheidungen tragen. Sie werden hochsehen zum Gipfel des Berges und erkennen, dass sie es nicht geschafft haben, während andere ihr wahres Potenzial erreicht haben.

KOMISCH, WIE DAS FUNKTIONIERT

Ich gebe es offen zu: Wenn es dein *höchstes* Ziel im Leben ist, Spaß zu haben, dann wirst du wahrscheinlich nicht Christ werden wollen. Aber ich will dich auch warnen: Wenn dein höchstes Ziel im Leben Spaß ist, wirst du auf lange Sicht nicht sehr glücklich werden. Wahre Zufriedenheit ist nicht zu finden im selbstsüchtigen Streben nach Dingen für uns selbst, sondern im selbstlosen Geben für andere. Das ist einfach eines der mysteriösen Gesetze des Lebens.

Doch wenn du dir die Menschen ansiehst, die auf lange Sicht wirkliche Freude im Leben fanden, wirst du erkennen, dass sie mehr an selbstlosem Geben für andere interessiert waren als an selbstsüchtigem Streben für sich selbst. Selbstbezogene Menschen enden unglücklich und leer, und meist lassen sie eine Spur von zerbrochenen Beziehungen hinter sich zurück.

Das bringt mich zurück zu dem, was ich am Anfang dieses Buches geschrieben habe. Wir kennen Christen, die freundliche Menschen sind und die scheinbar etwas gefunden haben, das ihnen inneren Frieden, Sicherheit und Freude gibt. Und nun sehen wir, dass diese Leute doch gar nicht so falsch liegen. Christen haben eine solide, intellektuelle und vernünftige Grundlage für ihren Glauben an Jesus Christus.

Wie wir gesehen haben, sind die Beweise wirklich beeindruckend – sowohl für die Existenz Gottes als auch für die Zuverlässigkeit der Bibel und dafür, dass Jesus Christus Gott in Person ist. Aber es reicht nicht, diese Informationen zu haben. Ein todkranker Mensch muss die Medizin verwenden, sonst nützt sie nichts. Genauso wird dir auch das nicht helfen, was du in diesem Buch gelernt hast – außer du verwendest es. Um zu erfahren, wie das, was du gerade gelernt hast, dein ganzes Leben verändern kann, darfst du das nächste und letzte Kapitel nicht verpassen.

DIE WICHTIGSTE ALLER FRAGEN

Nachdem ich nun diese fünf wichtigen Fragen über den christlichen Glauben beantwortet habe, möchte ich dir nun die wichtigste aller Fragen stellen: Hast du persönlich Jesus Christus als deinen Herrn und Retter im Glauben angenommen?

Ich gebe zu, dass das eine ziemlich persönliche Frage ist. Aber ich glaube auch, dass es die allerwichtigste Frage ist, die dir je gestellt werden wird. Analysieren wir einmal, was diese Frage genau bedeutet, indem wir auf das zurückschauen, was wir bis jetzt schon besprochen haben:

Die Bibel lehrt, dass Gott existiert und dass er eine echte Person ist. Niemand kann den wahren Sinn des Lebens finden, außer man findet ihn in einer Beziehung zu Gott, unserem Schöpfer, dem Herrscher des Universums.

Jeder von uns hat gegen Gott gesündigt. Wenn wir uns Gottes Maßstab ansehen, stellen wir fest, dass wir Gottes Gebote gebrochen haben, mit unseren Taten und in Gedanken.

Es gibt Konsequenzen, wenn man gegen Gott sündigt. Die Bibel sagt uns: »Eure Missetaten trennen euch von eurem Gott« (Jesaja 59,2). Wir wollen eine nahe, persönliche Beziehung mit Gott genießen – stattdessen sehen wir, dass unsere Sünden diese Beziehung zerstört haben.

Außerdem warnt uns die Bibel, dass der Lohn der Sünde der Tod ist (Römer 6,23). Als Folge der Sünde sind wir nicht nur jetzt von Gott getrennt, sondern stehen in Gefahr, dass wir einmal die ganze Ewigkeit lang von ihm getrennt sein werden – an einem Ort, der als Hölle bekannt ist.

Jesus Christus ist mehr als ein einfacher Lehrer – er ist tatsächlich der Retter. Als Gottes Sohn starb er freiwillig am Kreuz, um für unsere Sünden zu bezahlen. Da die Strafe für Sünde der Tod ist, entschied sich Christus, für unsere Sünden zu sterben – der Gerechte stirbt für die Ungerechten –, um uns zu Gott zu bringen.

Dies ist die höchste Demonstration von Gottes Liebe zu uns: Während wir schuldig waren und sein Urteil verdienten, nahm Jesus unsere Strafe auf sich. Jesus ging an unserer Stelle ans Kreuz und trug unsere Sünden und die Strafe, die wir verdient hätten.

Außerdem zeigt Jesus seine einzigartige Stellung als Sohn Gottes, indem er von den Toten auferstand. Wegen seiner Auferstehung kann es keinen Zweifel daran geben, dass er mit seinem Tod am Kreuz die ganze Strafe, die wir wegen unserer Sünden verdient hätten, völlig bezahlt hat. Er hat den Feind von uns allen besiegt – den Tod!

DEINE ANTWORT

Aber wie kann all dies dein Leben verändern? Nun, da du von Christus erfahren hast, gibt es drei mögliche Reaktionen für dich:

Du kannst Christus *ablehnen*, indem du ihm sagst, dass du kein Interesse hast, dass du nicht denkst, dass du ihn brauchst, und dass du nicht willst, dass er dein Retter und Herr wird.

Du kannst Christus *verpassen*, indem du deine Entscheidung aufschiebst bis zu irgendeinem ungewissen Zeitpunkt in der Zukunft. Ein Aufschub kann positiv sein, wenn du mehr Zeit brauchst, um ernsthaft über die Bedeutung deiner Entscheidung nachzudenken und um dir sicher zu sein, dass du wirklich weißt, was du da tust.

Aber Warten ist schlecht, wenn du die Entscheidung nur hinauszögerst oder auf die lange Bank schiebst. Dazu muss ich unverblümt sagen: Wenn du es versäumst, Christus aufzunehmen, hat das dieselbe ewige Auswirkung, wie wenn du ihn ablehnst.

Du kannst Christus *aufnehmen*, indem du ihn im einfachen Glauben als deinen persönlichen Herrn und Retter annimmst.

Die Bibel lehrt, dass wir durch Glauben an Jesus Christus zu Gott kommen. Wir sollen nicht auf unsere eigenen guten Taten oder auf unsere religiösen Leistungen vertrauen, um uns eine Beziehung mit Gott zu »verdienen«. Stattdessen sollen wir glauben und vertrauen, dass Jesus

– durch seinen Tod und seine Auferstehung – der Weg ist, auf dem wir zurück in eine Beziehung mit Gott kommen können. Vergebung und Versöhnung mit Gott ist zu wertvoll, man kann sie nicht verdienen – man kann sie als Geschenk von einem Geber empfangen, der uns sehr liebt.

Dieses Geschenk bekommen wir, wenn wir unser Vertrauen auf Jesus Christus setzen. Doch dieser Glaube ist weit mehr als eine einfache geistige Übung. Der Glaube an Jesus als deinen Retter beinhaltet, dass es dir leidtut, was du getan hast, und dass du in Zukunft ein neues und anderes Leben führen willst. Der Glaube an Jesus als deinen Herrn beinhaltet, dass du anerkennst, wer er ist, und dass du seine rechtmäßige Stellung als Gott in deinem Leben akzeptierst.

Wer diese Glaubensentscheidung trifft und Jesus Christus aufnimmt, tritt nicht einfach in eine Religion ein. Er beginnt eine persönliche Beziehung mit Gott selbst! Auf ganz besondere Weise wird jeder, der das tut, Gottes geliebtes Kind.

Bist du diese Beziehung eingegangen? *Hast du persönlich dein Vertrauen auf Jesus Christus als deinen Herrn und Retter gesetzt? Hast du ihn im Glauben aufgenommen?*

Wenn nicht, so ermutige ich dich, dies zu tun. Die Bibel verspricht: »Jeder, der den Namen des Herrn anruft, wird gerettet werden« (Römer 10,13). Du kannst ihn jetzt anrufen, indem du aufrichtig ein einfaches Gebet wie zum Beispiel dieses betest:

Lieber Gott, ich danke dir dafür, dass du mich liebst und deine Hand zu mir ausstreckst. Ich gebe zu, dass ich gegen dich gesündigt habe, und es tut mir leid. Ich glaube, dass Jesus Christus für meine Sünden gestorben ist. Jetzt nehme ich ihn als meinen Herrn und Retter an. Bitte vergib mir und hilf mir, dir von diesem Tag an zu folgen. Amen.

Ich hoffe, dass du solch ein Gebet gesprochen hast und nun persönlich auf Jesus vertraust, dass er dein Herr und Retter ist. Wenn du das getan hast, kannst du zuversichtlich sein, dass deine Sünden vergeben sind – aufgrund dessen, was Gott in der Bibel versprochen hat. Du hast dann eine ewige, persönliche Beziehung mit dem, der dich so sehr liebt, dass er für dich gestorben ist!

HÖRE NICHT AUF ZU WACHSEN

Es gibt viele Möglichkeiten, wie du anfangen kannst, zu wachsen und deine neue Beziehung mit Gott intensiv zu erleben. Als Erstes ermutige ich dich, dass du die Bibel liest, als ob Gott sie als persönlichen Liebesbrief an dich allein geschrieben hätte.

Jede Beziehung wächst, wenn man miteinander kommuniziert, und so ist es auch in deiner Beziehung zu Gott. Also vertiefe deine Beziehung zu Gott, indem du täglich mit ihm redest. In diesen Gebeten kannst du Gott die Dinge sagen, die dir auf dem Herzen liegen.

Verbringe regelmäßig Zeit mit anderen Menschen, die ebenfalls nach einer engen, persönlichen Beziehung mit Gott streben. Das ist eine der wichtigsten Sachen, die du tun kannst, um in deiner eigenen Beziehung zu Gott zu wachsen. Also bitte Gott, dass er dich in eine christliche Gemeinde führt, die sich aktiv daran beteiligt, anderen die gute Botschaft von Christus zu bringen. Und fange an, regelmäßig an den Gottesdiensten teilzunehmen. Erzähle unbedingt mindestens einem christlichen Freund, den du respektierst, von deiner Entscheidung für Christus. Diese Person kann dir sehr hilfreich sein, indem sie dir hilft, in deiner fantastischen neuen Beziehung mit Gott zu wachsen!

Schließlich will ich dir dafür danken, dass du mir erlaubt hast, mit dir diese fünf entscheidenden Fragen durchzugehen. Möge Gott dich segnen und in deinem Leben ganz real werden, während dein Glaube jeden Tag wächst.

ANHANG
MEHR ALS RELIGION: WIE ICH SELBST GOTT GEFUNDEN HABE

Eine echte Beziehung mit Gott! Es schien so fremd, auch nur darüber nachzudenken, dass man Gott auf eine persönliche Art kennen kann. Alles, was ich bisher gekannt hatte, war Christentum als eine Religion, die einen langweiligen und unpersönlichen Gott anbot. Trotz meiner Proteste und meiner Bitte, dass ich ausschlafen darf, taten meine Eltern ihr Bestes, um mich jeden Sonntag in die Kirche mitzunehmen. Jetzt schätze ich ihre Erziehung, da sie meine eigenen Werte geprägt hat. Doch damals als Teenager sah ich keinen Grund mehr, in eine Kirche zu gehen. Sie schien weder mir noch anderen etwas zu bringen.

In diesen Teenager-Jahren jagte ich leidenschaftlich dem amerikanischen Ideal nach (Erfolg im Sport, im Studium, mit Geld – und natürlich mit Mädchen). Das mischte sich bei mir mit einem geistlichen Drang, herauszufinden, wie ich leben soll und wozu ich lebe. Ich fütterte mein Gehirn mit Büchern, die mir helfen sollten, diese Antworten zu finden. Unter diesen Büchern waren Klassiker von Hermann Hesse, John Steinbeck und Khalil Gibran. Dieses geistliche Streben bewahrte mich vor vielen groben Sünden, in denen meine Freunde lebten. Doch machte es mich verletzlich für eine der tödlichsten Sünden, in denen ich gefangen werden konnte.

Diese Sünde zeigte sich im Sommer 1972. Eines Abends, während ich mein Bücherregal durchsah, fiel mir ein Neues Testament ins Auge. Ich betrachtete mich selbst als Christ, aber nun fiel mir auf, dass ich das Neue Testament noch nie selbst durchgelesen hatte. Da ich annahm, ich hätte schon alles gehört, was darin steht, hatte ich in anderen Büchern nach geistlicher Wegweisung gesucht. Aber ich war eine extrem leistungsorientierte Person, und mein älterer Bruder hatte sogar die ganze Bibel durchgelesen. Ich wollte mich in nichts übertreffen lassen, also entschied ich, das Neue Testament selbst zu lesen.

Innerhalb von wenigen Minuten zog ich drei bedeutende Schlüsse:

1. Das, was ich las, war nicht das, was ich in der Kirche gehört hatte. Es war lebendig und von Bedeutung, und nicht tot oder langweilig, wie die Predigten in der Kirche es immer gewesen sind.

2. Die Bibel war mit nichts zu vergleichen, was ich je zuvor gelesen hatte. Sie besaß eine einzigartige Autorität. Andere Bücher weckten Fragen – die Bibel gab Antworten! Tief in meinem Herzen wusste ich, dass ich mehr als die Worte eines Menschen las – dies war Gottes Botschaft an mich.

3. In dieser Nacht entschied ich, dass ich so leben möchte, wie Jesus es gelehrt hatte.

Aber das war nicht alles, was ich entdeckte. Einige Tage später las ich das 23. Kapitel von Matthäus. Es war die Stelle, wo Jesus die Sünde der religiösen Heuchelei verurteilte. Er deckte auf, dass viele wie »getünchte Gräber« sind. Nach außen hin sehen sie wunderschön aus, aber innen sind sie voller Verwesung. Dann sagte Jesus: »So erscheint auch ihr äußerlich vor den Menschen als gerecht, inwendig aber seid ihr voller Heuchelei und Gesetzlosigkeit« (Matthäus 23,28). Diese Anklage drang in mein Herz und in mein Gewissen. Die Worte Jesu Christi zeigten mir, dass äußerliche Reinheit nicht genug ist. Mein innerstes Wesen war in Gottes Augen böse. Andere haben mich vielleicht als »guten Menschen« gesehen, doch Gott sah mein Herz – und er wusste es besser. Der allmächtige Richter hat mich für schuldig erklärt, und ich stand verurteilt da.

Das war das erste Mal in meinem Leben, dass ich wirklich davon überzeugt war, dass ich ein verlorener Sünder bin. Nicht, dass ich vorher gedacht hätte, ich wäre perfekt oder ohne menschliche Fehler. Doch ich fühlte mich bestimmt nicht so schlecht wie die religiösen Heuchler, an die Jesus die Warnungen gerichtet hatte. Nun war mir klar: Wenn ich jetzt sterbe, würde ich in die Hölle kommen.

Während der folgenden Wochen wurde meine

geistliche Suche noch intensiver. Ich lag nachts wach und bat Gott, mir jede Sünde zu vergeben, die mir gerade einfiel. Ich fühlte mich entfremdet von Gott und wusste, dass mein Leben leer sein würde, wenn ich ihn nicht persönlich finden würde.

Die Antwort auf diese Gebete kam, als ich entdeckte, wie die Trennung aufgehoben und meine Sünden vergeben werden konnten. »Denn so sehr hat Gott die Welt geliebt, dass er seinen eingeborenen Sohn gab, damit jeder, der an ihn glaubt, nicht verlorengeht, sondern ewiges Leben hat« (Johannes 3,16). Die Antwort war in Jesus zu finden! Nicht in einer neuen Philosophie oder Ansicht, sondern in einer Person. Gott sandte Jesus Christus, damit ich nicht verlorengehe, sondern ewiges Leben habe! Als Jesus am Kreuz starb, trug er die Strafe für die Sünden, die ich begangen hatte und für die ich eigentlich bestraft werden sollte. Er litt an meiner Stelle. Er war mein Stellvertreter. Jetzt, als ich von meiner Sünde umkehrte und meinen Glauben auf Jesus Christus setzte, war das Hindernis zwischen Gott und mir komplett beseitigt. Nun hatte ich eine echte Beziehung mit Gott!

Ich hatte immer einen »Kopfglauben« an Christus (d.h. ein intellektuelles Wissen über die Fakten), aber ich habe ihm niemals wirklich mit meinem Herzen vertraut. Doch als ich erkannte, dass ich durch meine Sünde geistlich verloren war, vertraute ich mich ihm als meinem Retter an. Für mich war das kein sehr emotionales Erlebnis, aber es war trotzdem real. Ich habe Jesus in mein Leben eingeladen, und er enttäuschte mich nicht.

Auch in den vielen Jahren, in denen ich ihm nun schon gefolgt bin, hat er mich nie enttäuscht. Er hat seine Versprechen gehalten und bewiesen, dass er sehr real und persönlich ist.

Nun hoffe und bete ich, dass auch du zu Jesus Christus kommen wirst. Dann kannst auch du seine Liebe und Vergebung erleben und das Leben genießen, das er für dich vorbereitet hat.

Der Autor Tom Short fordert seit mehr als 30 Jahren Studenten an über 100 Hochschulen auf der ganzen Welt heraus, die Behauptungen von Jesus Christus zu prüfen und ernsthaft zu durchdenken. Er lebt mit seiner Frau in Columbus, Ohio, USA.

Weitere Informationen (in Englisch) erhältst du hier:
www.TomShortCampusMinistries.com

Tom Short Campus Ministries
PO Box 224
Worthington, OH 43085
USA

Für Informationen auf Deutsch kannst du dich gerne an Armin Zikeli wenden:
Armin_Zikeli@yahoo.com